Impressum
Verlag. BABADADA GmbH, Nedderfeld 112 , 22529 Hamburg
Geschäftsführer / Verlagsleitung: Harald Hof
Druck: Books on Demand GmbH, In de Tarpen 42, 22848 Norderstedt

Imprint
Publisher: BABADADA GmbH, Nedderfeld 112 , 22529 Hamburg, Germany
Managing Director / Publishing direction: Harald Hof
Print: Books on Demand GmbH, In de Tarpen 42, 22848 Norderstedt

el colegio
d Schuel

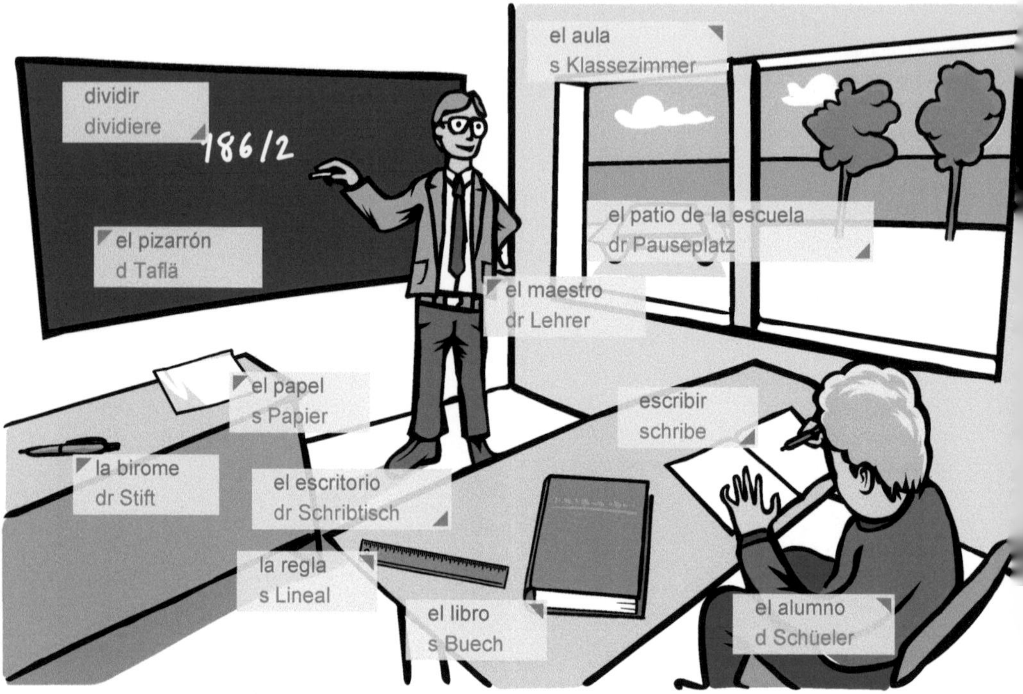
el aula
s Klassezimmer
dividir
dividiere
186/2
el pizarrón
d Taflä
el patio de la escuela
dr Pauseplatz
el maestro
dr Lehrer
el papel
s Papier
escribir
schribe
la birome
dr Stift
el escritorio
dr Schribtisch
la regla
s Lineal
el libro
s Buech
el alumno
d Schüeler

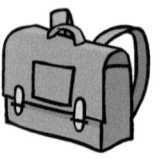

la mochila
dr Thek

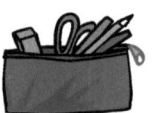

la caja de lápices
s Etui

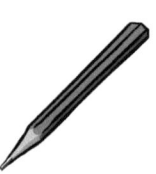

el lápiz
dr Bleistift

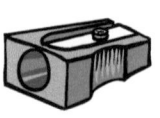

el sacapuntas
dr Spitzer

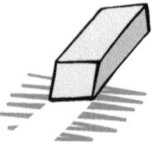

la goma (de borrar)
s Radiergummi

el bloc de dibujo
dr Zeicheblock

el dibujo

d Zeichnig

el pincel

dr Pinsel

la caja de pinturas

dr Malchaschte

la tijera

d Schär

el pegamento

dr Liim

el cuaderno de ejercicios

s Üebigsheft

la tarea

d Huusufgabe

12

el número

d Zahl

2+2

sumar

addiere

5-2

restar

subtrahiere

2×2

multiplicar

multipliziere

calcular

rächne

A

la letra

dr Buechstabe

ABCDEFG
HIJKLMN
OPQRSTU
VWXYZ

el abecedario

s Alphabet

hello

la palabra

s Wort

el texto

dr Text

leer

läse

la tiza

d Kriide

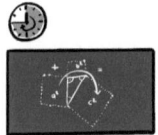

la lección

d Lektion

el cuaderno de clase

s Klassäbuech

el examen

d Prüefig

el certificado

s Zügnis

el uniforme escolar

d Schueluniform

la educación

d Usbildig

la enciclopedia

d Enzyklopädie

la universidad

d Universität

el microscopio

s Mikroskop

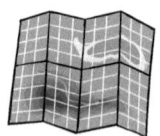

el mapa

d Charte

el tacho (de basura)

dr Papierchorb

el viaje
d Reis

el hotel
s Hotel
Grand
el hostel
d Härbärg
ROOMS
la casa de cambio
d Wächselstube
CHANGE
la valija
dr Koffer
el auto
s Auto

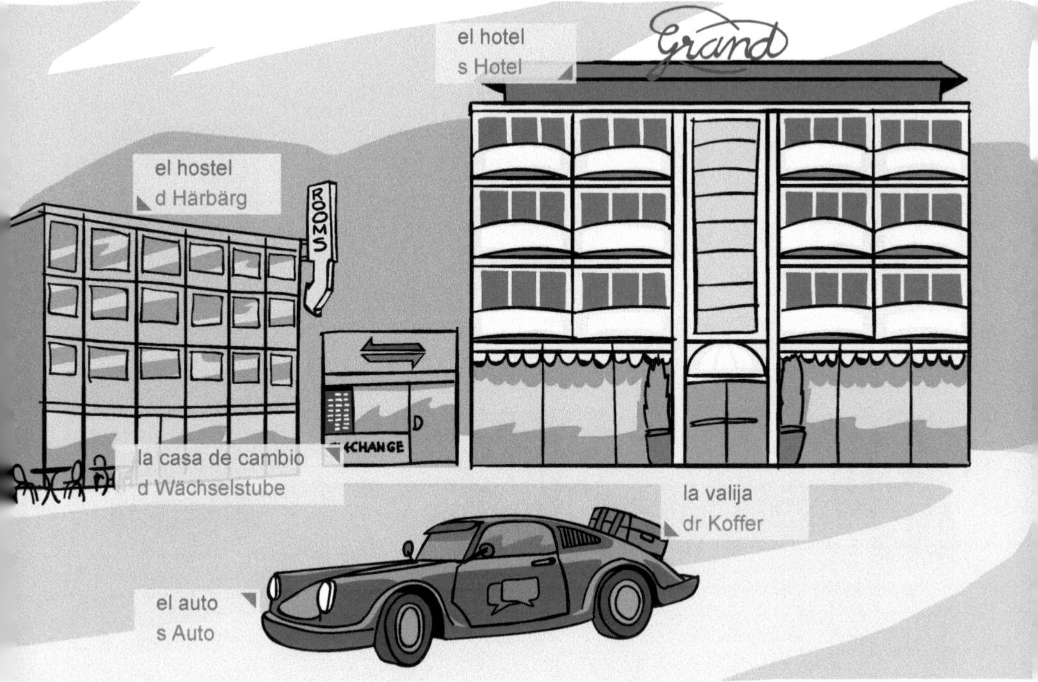

el idioma
d Sprach

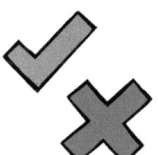

sí / no
jo / nei

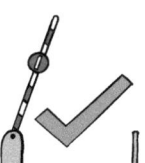

Está bien
okay

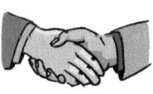

hola
Hallo

el traductor
dr Dolmetscher

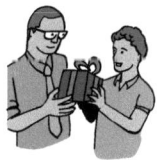

Gracias
Dankä

¿cuánto cuesta…?

Was chostet…?

No entiendo

Ich vrstahs nöd

el problema

s Problem

¡Buenas tardes!

Guete Abig!

¡Buenos días!

guete Morgä!

¡Buenas noches!

guete Abig!

el adiós

Uf Wiederseh

la dirección

d Richtig

el equipaje

s Bagaasch

el bolso

d Täsche

la mochila

dr Rucksack

el invitado

dr Gast

la habitación

dr Ruum

la bolsa de dormir

dr Schlafsack

la carpa

s Zält

la información turística

d Touristeninformation

la playa

dr Strand

la tarjeta de crédito

d Kreditkarte

el desayuno

s Zmorge

el almuerzo

s Zmittag

la cena

s Znacht

el pasaje

s Billet

el ascensor

dr Ufzug

el sello

d Briefmarke

la frontera

d Gränze

la aduana

dr Zoll

la embajada

d Botschaft

la visa

s Visum

el pasaporte

dr Pass

el transporte
dr Transport

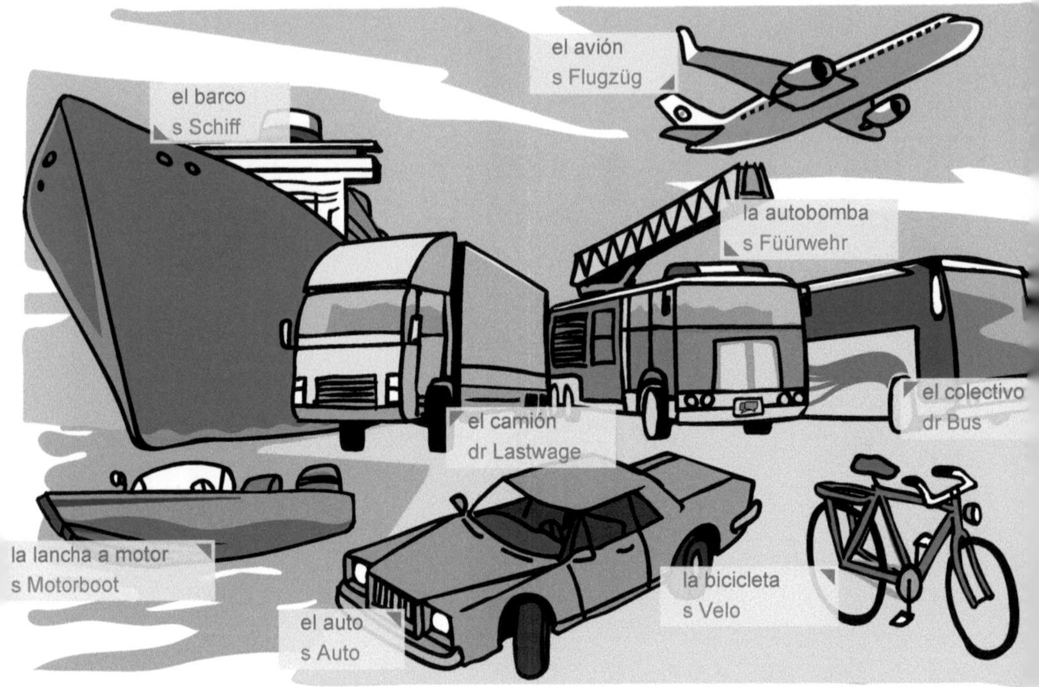
el avión
s Flugzüg
el barco
s Schiff
la autobomba
s Füürwehr
el colectivo
dr Bus
el camión
dr Lastwage
la lancha a motor
s Motorboot
la bicicleta
s Velo
el auto
s Auto

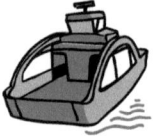

el ferry

d Fähri

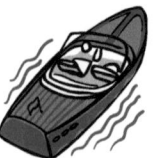

el bote

s Boot

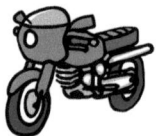

la moto

s Töff

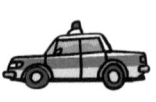

el patrullero

s Polizeiauto

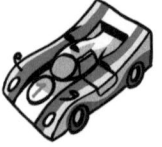

el auto de carreras

s Rännauto

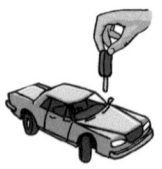

el auto de alquiler

dr Mietwage

el alquiler de autos

s Carsharing

la grúa

dr Abschleppwage

el camión de la basura

dr Chübelwage

el motor

dr Motor

la nafta

s Benzin

la estación de servicio

d Tankstell

la señal de tránsito

s Verkehrsschild

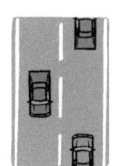

el tránsito

dr Verchehr

el embotellamiento

dr Stau

el estacionamiento

dr Parkplatz

la estación de tren

dr Bahnhof

las vías

d Schiene

el tren

dr Zug

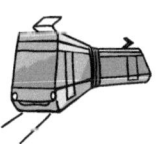

el tranvía

d Strassebahn

el vagón

dr Wagon

el helicóptero

dr Helikopter

el aeropuerto

dr Flughafe

la torre

dr Tower

el pasajero

dr Passagier

el contenedor

dr Container

la caja de cartón

dr Karton

la carretilla

dr Chare

la canasta

dr Korb

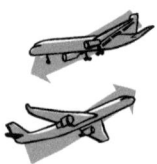

despegar / aterrizar

starte / lande

la ciudad
d Stadt

el pueblo

s Dorf

el centro de la ciudad

s Stadtzentrum

la casa

s Huus

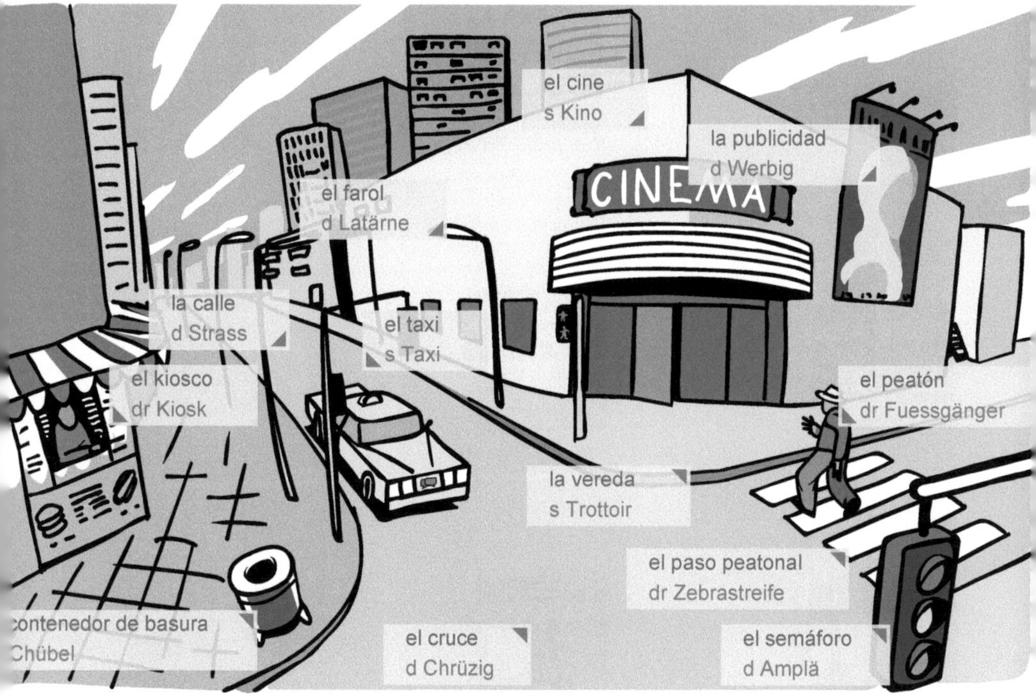

el cine
s Kino

la publicidad
d Werbig

CINEMA

el farol
d Latärne

la calle
d Strass

el taxi
s Taxi

el kiosco
dr Kiosk

el peatón
dr Fuessgänger

la vereda
s Trottoir

el paso peatonal
dr Zebrastreife

contenedor de basura
Chúbel

el cruce
d Chrüzig

el semáforo
d Amplä

la cabaña
....
d Hütte

el departamento
....
d Wohnig

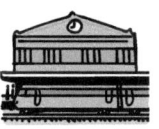

la estación de tren
....
dr Bahnhof

la municipalidad
....
s Gmeindshuus

el museo
....
s Museum

el colegio
....
d Schuel

la universidad

d Universität

el banco

d Bank

el hospital

s Spital

el hotel

s Hotel

la farmacia

d Apotheke

la oficina

s Büro

la librería

s Buechgschäft

el negocio

s Gschäft

la florería

dr Bluemelade

el supermercado

dr Läbensmittellade

el mercado

dr Märt

las grandes tiendas

s Chaufhuus

la pescadería

dr Fischhändler

el centro comercial

s Iihkaufszentrum

el puerto

dr Hafe

el parque

dr Park

el banco

d Bank

el puente

d Brugg

las escaleras

d Stäge

el subte

d U-Bahn

el túnel

dr Tunnell

la parada del colectivo

d Bushaltestell

el bar

d Bar

el restaurante

s Restaurant

el buzón

dr Briefchastä

el letrero

s Strasseschild

el parquímetro

d Parkuhr

el zoológico

dr Zolli

la pileta

d Badi

la mezquita

d Moschee

la granja	la contaminación	el cementerio
dr Buurehof	d Umwältvrschmutzig	dr Fridhof

la iglesia	los juegos infantiles	el templo
d Chile	dr Spielplatz	dr Tämpel

el paisaje
d Landschaft

la hoja
s Blatt

el poste indicador
dr Wägwiiser

el camino
dr Wäg

la pradera
d Wise

la piedra
dr Stei

el árbol
dr Baum

el excursionista
dr Wanderer

el río
dr Fluss

la hierba
s Gras

la flor
d Bluamä

el valle
s Tal

la montaña
dr Bärg

el lago
dr See

el bosque
dr Wald

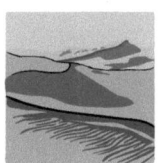

el desierto
d Wüeschti

el volcán
dr Vulkan

el castillo
s Schloss

el arco iris
dr Rägeboge

el champiñón
dr Pilz

la palmera
d Palme

el mosquito
dr Moskito

la mosca
d Fliege

la hormiga
d Ameise

la abeja
s Biendli

la araña
d Spinne

el escarabajo

dr Chäfer

la rana

dr Frosch

la ardilla

s Eichhörnli

el erizo

dr Igel

la liebre

dr Haas

la lechuza

d Üle

el pájaro

d Vogu

el cisne

dr Schwan

el jabalí

s Wildschwein

el ciervo

dr Hirsch

el alce

dr Elch

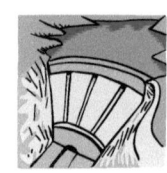

la presa

dr Damm

el aerogenerador

d Windturbine

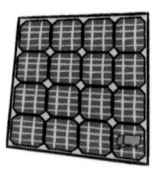

el panel solar

dr Sunnekollektor

el clima

s Klima

el restaurante
s Restaurant

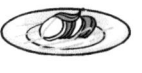

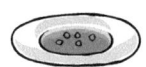

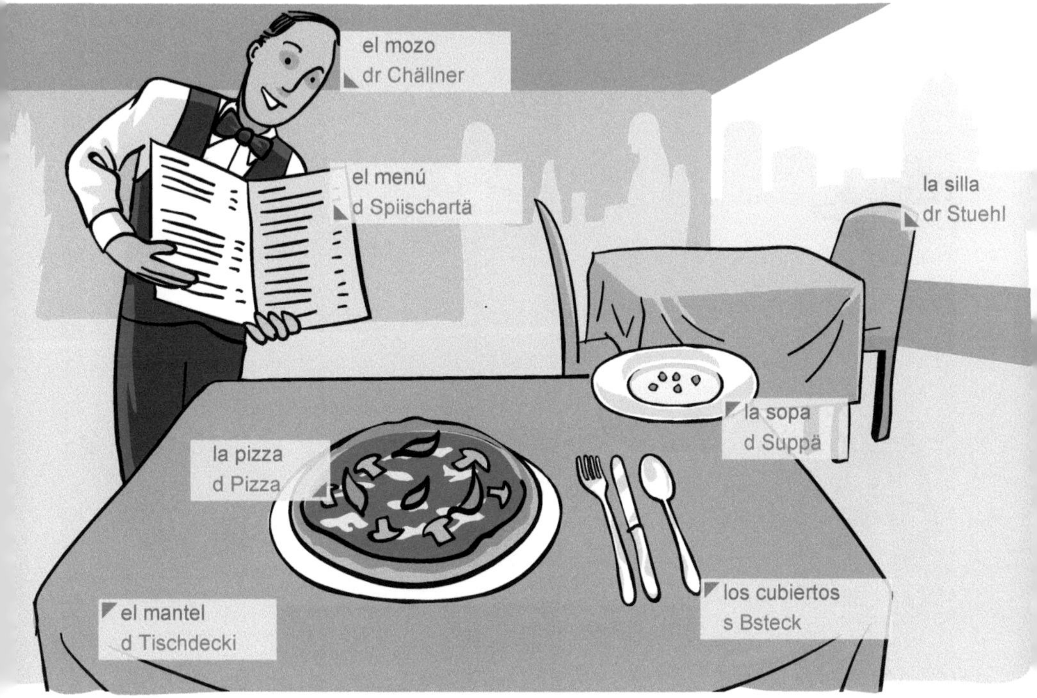
el mozo
dr Chällner
el menú
d Spiischartä
la silla
dr Stuehl
la sopa
d Suppä
la pizza
d Pizza
los cubiertos
s Bsteck
el mantel
d Tischdecki

la entrada
d Vorspiies

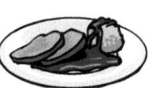

el plato principal
s Hauptgricht

el postre
s Dessert

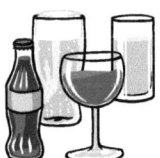

las bebidas
s Getränk

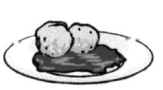

la comida
d Läbensmittel

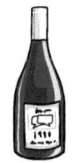

la botella
d Fläsche

la comida rápida

s Fast Food

la comida callejera

s Street Food

la tetera

d Teechanne

la azucarera

d Zuckerdosä

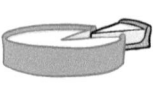

la porción

d Portion

la cafetera expreso

d Espressomaschine

la sillita alta

dr Hochstuehl

la cuenta

d Rächnig

la bandeja

s Tablett

el cuchillo

s Mässer

el tenedor

d Gable

la cuchara

dr Löffel

la cucharita

dr Teelöffel

la servilleta

d Serviette

el vaso

s Glas

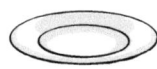

el plato
dr Täller

el plato hondo
dr Suppetällär

el plato
d Untertasse

la salsa
d Sose

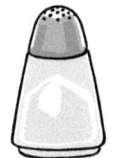

el salero
dr Salzstreuer

el molinillo de pimienta
d Pfäffermühli

el vinagre
dr Essig

el aceite
s Öl

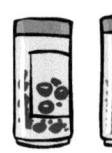

las especias
d Gwürz

el kétchup
ds Ketchup

la mostaza
dr Sänf

la mayonesa
d Mayonnaise

el supermercado
dr Läbensmittellade

la oferta especial
s Ahgebot
FOR
el cliente
dr Chund
los lácteos
d Milchprodukt
la fruta
d Frücht
el changuito
dr Iichaufswage

BUTCHERS

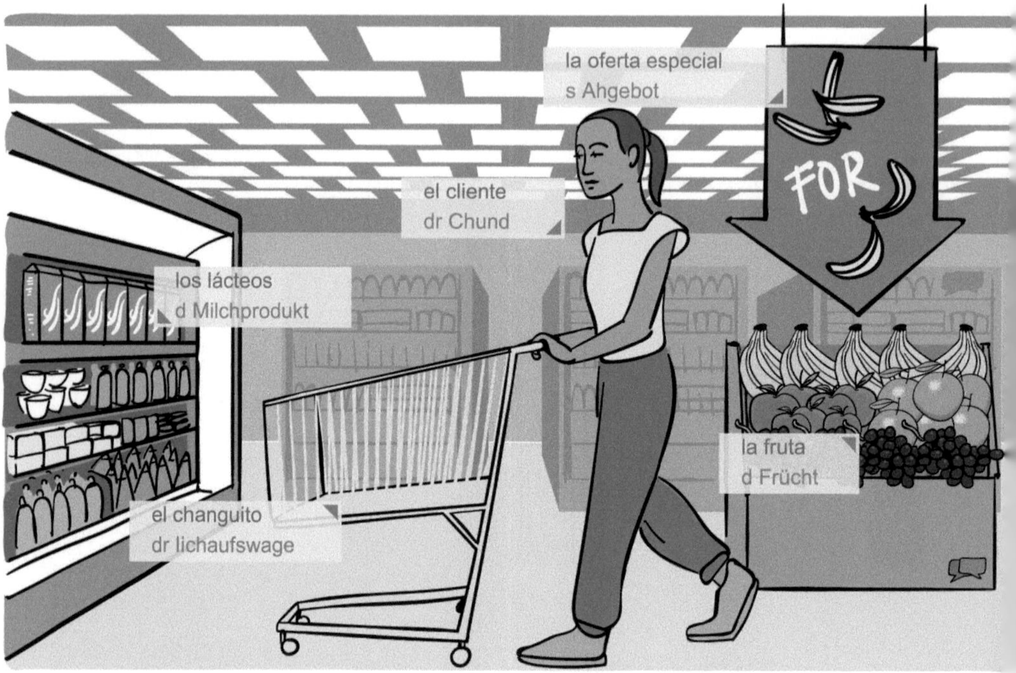

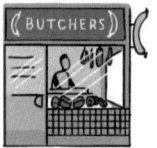

la carnicería

dr Schlachter

BAKERY

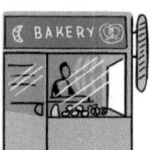

la panadería

dr Beck

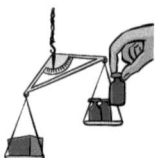

pesar

wiege

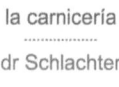

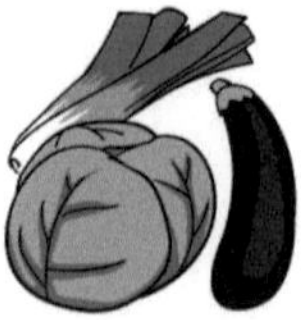

las verduras

s Gmües

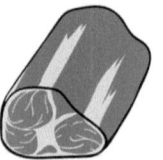

la carne

s Fleisch

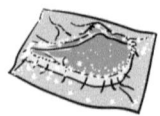

los alimentos congelados

d Tiefkühlprodukt

los fiambres
dr Ufschnitt

los alimentos enlatados
d Konsärve

el detergente en polvo
s Wöschmittel

las golosinas
d Süessigkeite

los electrodomésticos
d Huushaltartikel

los productos de limpieza
s Putzmittel

la vendedora
d Verchäuferin

la caja
d Kassä

el cajero
dr Kassierer

la lista de compras
d Ihchaufsliste

el horario de atención
d Öffnigszite

la billetera
s Portemonnaie

la tarjeta de crédito
d Kreditkarte

la cartera
d Täsche

la bolsa de plástico
dr Plastiksack

el agua

s Wasser

el jugo

dr Saft

la leche

d Milch

la bebida cola

d Cola

el vino

dr Wii

la cerveza

s Bier

el alcohol

dr Alkohol

el cacao

s Ovi

el té

dr Tee

el café

dr Kafi

el café expreso

dr Espresso

el cappuccino

dr Cappuccino

la banana

d Banane

la manzana

dr Öpfel

la naranja

d Orange

el melón

d Melone

el limón

d Zitrone

la zanahoria

s Rüebli

el ajo

dr chnoobli

el bambú

dr Bambus

la cebolla

d Zwiblä

el champiñón

dr Pilz

las nueces

d Nüss

los fideos

d Nudle

los tallarines

d Spaghetti

el arroz

dr Riis

la ensalada

dr Salat

las papas fritas

d Pommfrit

las papas fritas

d Bratherdöpfel

la pizza

d Pizza

la hamburguesa

dr Hamburgär

el sándwich

s Sandwich

el churrasco

s Gotlett

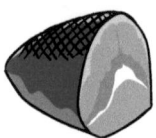

el jamón

dr Schinkä

el salame

d Salami

la salchicha

s Würschtli

el pollo

s Huehn

el asado

dr Bratä

el pescado

dr Fisch

los copos de avena
d Haferflocke

el muesli
s Müesli

los copos de maíz
d Cornflakes

la harina
s Mähl

la medialuna
s Gipfeli

el pancito
s Brötli

el pan
s Brot

la tostada
dr Toscht

las galletitas
s Guetzli

la manteca
d Butter

la cuajada
dr Quark

la torta
dr Chueche

el huevo
s Ei

el huevo frito
s Spiegelei

el queso
dr Chäs

la comida - d Läbensmittel

el helado

d Glace

el azúcar

dr Zucker

la miel

dr Honig

la mermelada

d Gonfi

la pasta de chocolate

d Nougat-Creme

el curry

s Curry

la granja
dr Buurehof

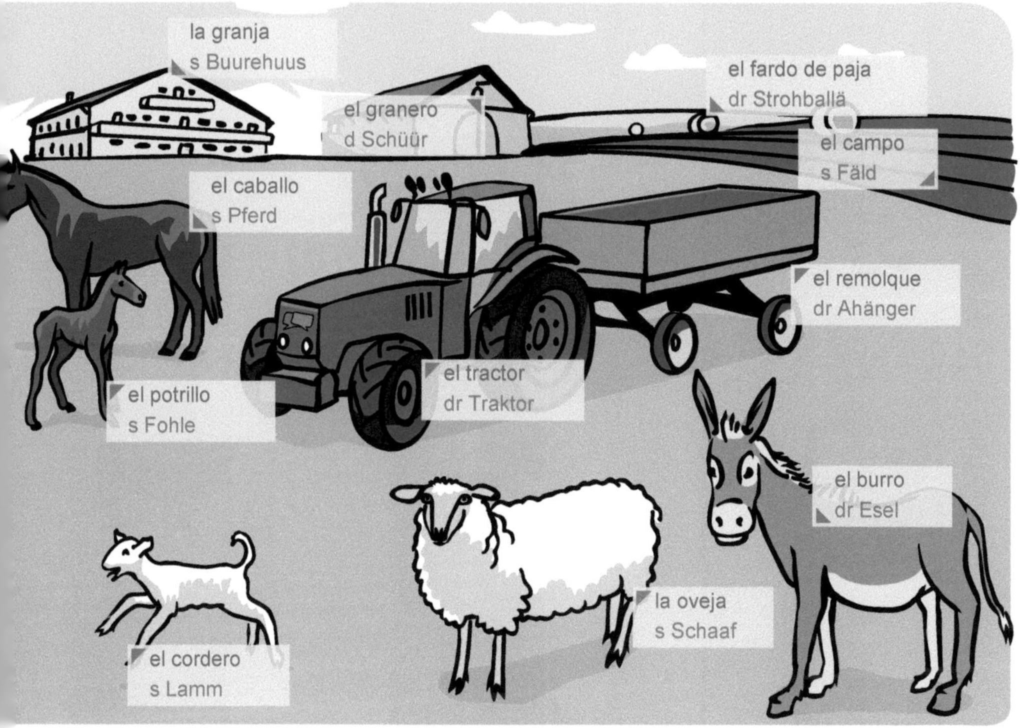
la granja
s Buurehuus
el granero
d Schüür
el fardo de paja
dr Strohballä
el campo
s Fäld
el caballo
s Pferd
el remolque
dr Ahänger
el tractor
dr Traktor
el potrillo
s Fohle
el burro
dr Esel
la oveja
s Schaaf
el cordero
s Lamm

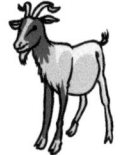

la cabra
....
d Geiss

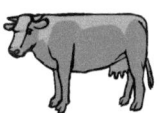

la vaca
....
d Chueh

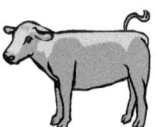

el ternero
....
s Chalb

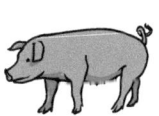

el cerdo
....
d Sau

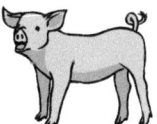

el lechón
....
s Ferkel

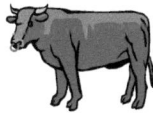

el toro
....
s Rind

el ganso
d Gans

el pato
d Änte

el pollo
s Küke

la gallina
s Huähn

el gallo
dr Güggel

la rata
d Ratte

el gato
d Chatz

el ratón
d Muus

el buey
dr Ochse

el perro
dr Hund

la cucha
d Hundehütte

la manguera
dr Garteschluuch

la regadera
d Giesschanne

la guadaña
d Sägese

el arado
dr Pflueg

la hoz

d Sichel

la azada

d Hacke

la horquilla

d Heugable

el hacha

d Axt

la carretilla

d Garette

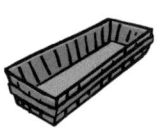

el abrevadero

dr Trog

la lechera

d Milchchanne

la bolsa

dr Sack

la reja

dr Haag

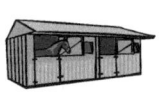

el establo

dr Gadä

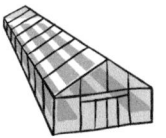

el invernadero

s Gwächshuus

el suelo

dr Bode

la semilla

dr Soome

el fertilizador

dr Dünger

la cosechadora

dr Mähdrescher

cosechar

ärnte

la cosecha

d Ärnte

las batatas

d Yamswurzle

el trigo

dr Weize

la soja

s Soja

la papa

dr Härdöpfel

el maíz

dr Mais

la semilla de colza

dr Raps

el árbol frutal

dr Obstbaum

la mandioca

dr Maniok

los cereales

s Getreide

la casa
s Huus

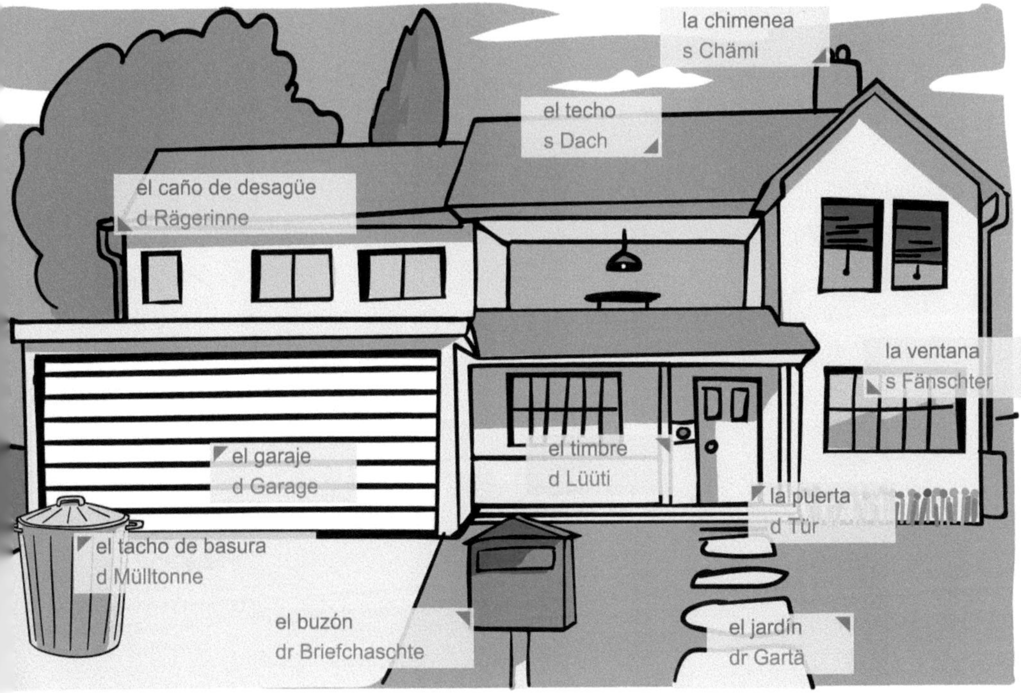
la chimenea
s Chämi
el techo
s Dach
el caño de desagüe
d Rägerinne
la ventana
s Fänschter
el garaje
d Garage
el timbre
d Lüüti
la puerta
d Tür
el tacho de basura
d Mülltonne
el buzón
dr Briefchaschte
el jardín
dr Gartä

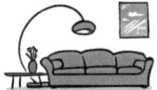

el living

s Stubä

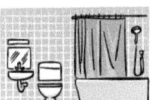

el baño

s Badzimmer

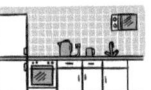

la cocina

d Chuchi

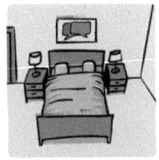

el dormitorio

s Schlofzimmer

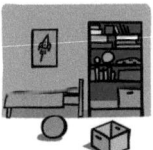

el cuarto de los chicos

s Chinderzimmer

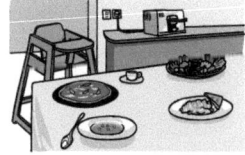

el comedor

s Ässzimmer

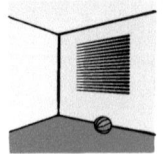

el piso

dr Bodä

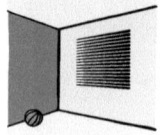

la pared

d Wand

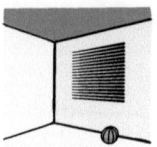

el cielorraso

d Decki

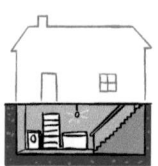

el sótano

dr Chäller

el sauna

d Sauna

el balcón

dr Balkon

la terraza

d Terasse

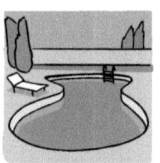

la pileta

s Pool

la cortadora de pasto

dr Rasemäier

la sábana

dr Bettbezug

el acolchado

d Bettdecki

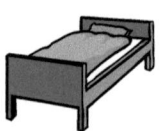

la cama

s Bett

la escoba

dr Bäse

el balde

dr Chübel

el interruptor

dr Schalter

el living
s Stubä

el empapelado
d Tapete
la imagen
s Bild
la lámpara
d Lampä
el estante
s Regal
el armario
dr Schrank
la televisión
dr Färnseh
la chimenea
dr Kamin
la flor
d Bluamä
el almohadón
s Chüssi
el sofá
s Sofa
el florero
d Vasä
el control remoto
d Färnbedienig

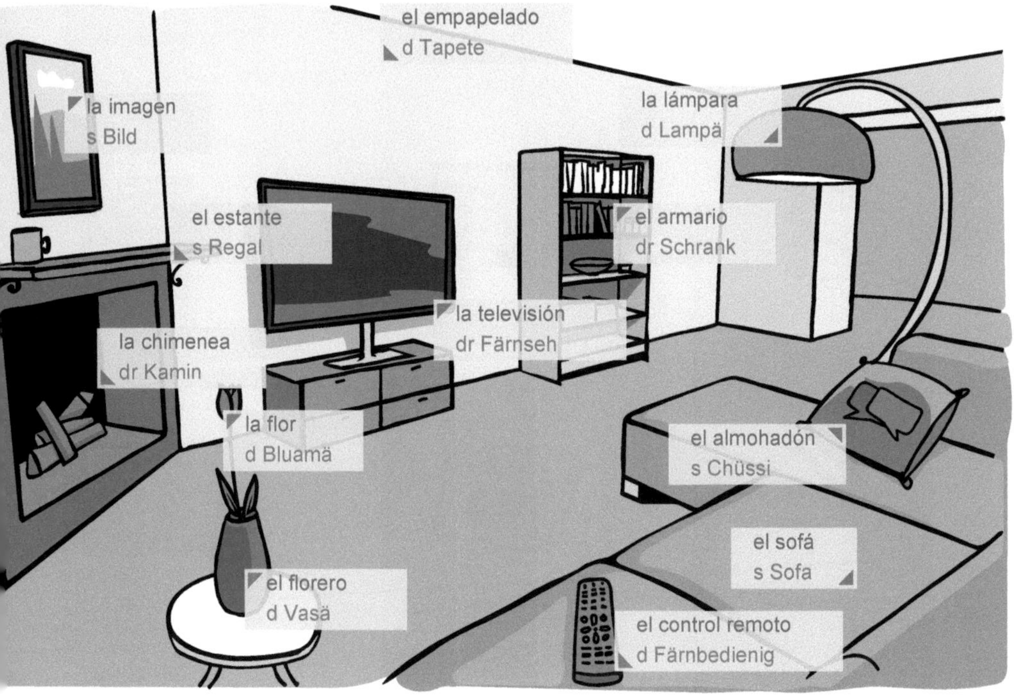

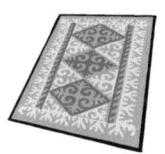

la alfombra
dr Teppich

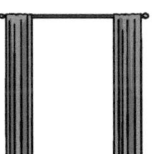

la cortina
dr Vorhang

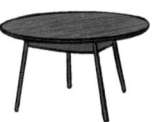

la mesa
dr Tisch

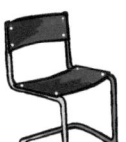

la silla
dr Stuehl

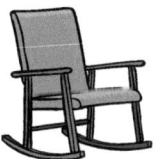

la mecedora
dr Schaukelstuehl

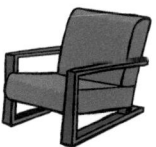

el sillón
dr Sässel

el libro

s Buech

la frazada

d Decki

la decoración

d Dekoration

la leña

s Füürholz

la película

dr Film

el equipo de música

d Stereoahlag

la llave

dr Schlüssel

el diario

d Ziitig

la pintura

s Bild

el póster

s Poster

la radio

s Radio

el cuaderno

dr Notizblock

la aspiradora

dr Staubsuuger

el cactus

dr Kaktus

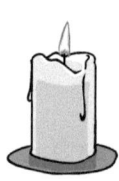

la vela

d Chärze

la cocina
d Chuchi

la heladera
dr Chüelschrank
el microondas
d Mikrowällä
la balanza de cocina
d Chuchiwaag
la tostadora
dr Toaster
el detergente
s Wöschmittel
el horno
dr Ofä
el freezer
s Gfrierfach
el tacho de basura
d Mülltonne
el lavaplatos
dr Gschirrspüeler

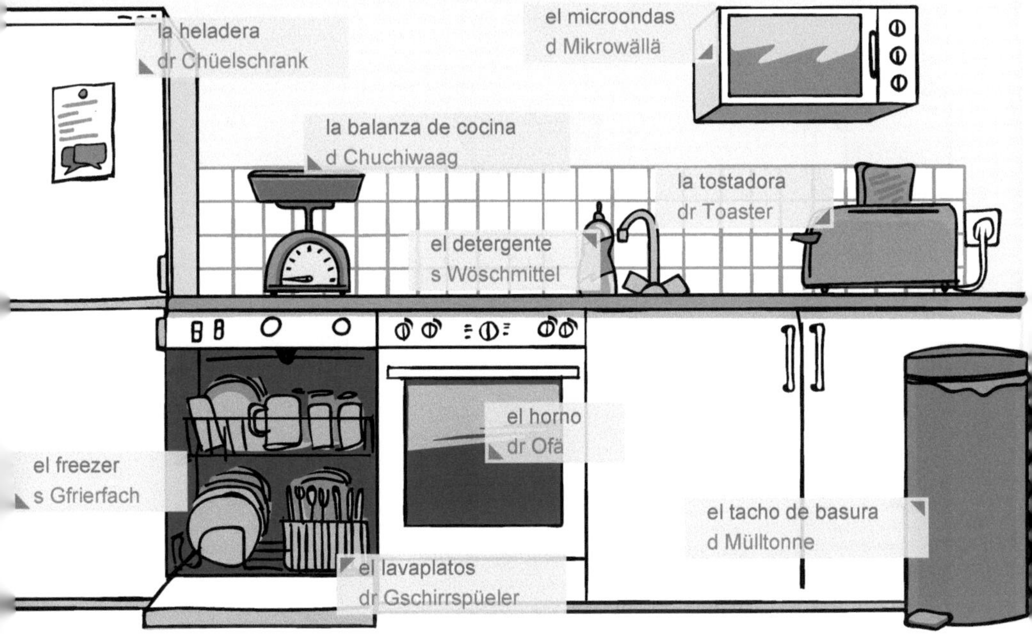

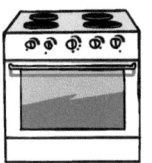

la cocina
dr Härd

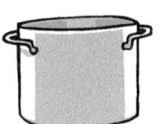

la olla
dr Topf

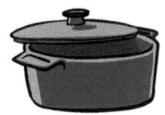

la olla de hierro fundido
dr Iisetopf

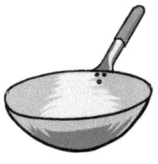

el wok
dr Wok / Kadai

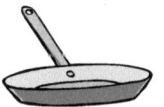

la sartén
d Pfanne

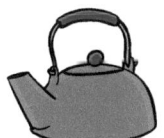

la pava
dr Wasserchocher

la vaporera

dr Dampfer

la bandeja de horno

s Bachbläch

la vajilla

s Gschirr

la taza

dr Bächer

el bol

d Schale

los palitos

d Stäbli

el cucharón

d Suppechellä

la espátula

dr Pfannewänder

la batidora

dr Schneebäse

el colador

s Sieb

el colador

s Sieb

el rallador

d Raffle

el mortero

dr Mörser

la parrilla

dr Grill

la fogata

d Füürstell

la tabla de picar

s Schniidbrätt

el palo de amasar

s Nudelholz

el sacacorchos

dr Korkäzieher

la lata

d Dosä

el abrelatas

dr Dosäöffner

la manopla

dr Topflappä

la pileta

s Wöschbecki

el cepillo

d Bürste

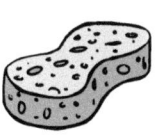

la esponja

dr Schwumm

la batidora

dr Mixer

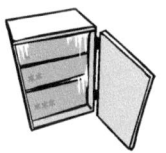

el congelador

dr Gfrierschrank

la mamadera

s Babyfläschli

la canilla

dr Hahnä

el baño

s Badzimmer

la calefacción
d Heizig
la ducha
d Duschi
la toalla
s Handtuech
la cortina de la ducha
dr Duschvorhang
el baño de espuma
s Schumbad
la bañadera
d Badwanne
el vaso
s Glas
el lavarropas
d Wöschmaschine
la canilla
dr Hahnä
las baldosas
d Fliesä
la pelela
s Töpfli
la pileta
s Wöschbecki

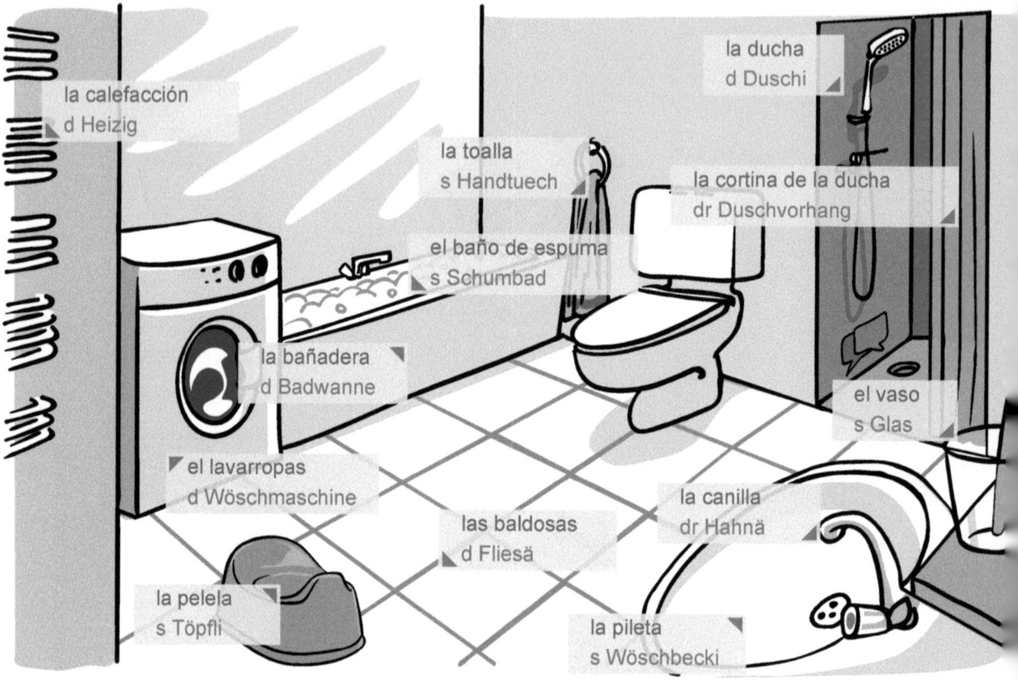

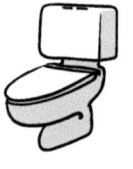

el inodoro

d Toilette

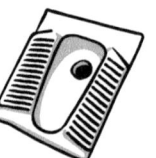

la letrina

s Plumpsklo

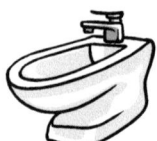

el bidé

s Bidet

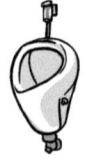

el mingitorio

s Pissoir

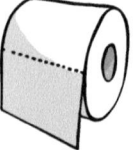

el papel higiénico

ds Toilettepapier

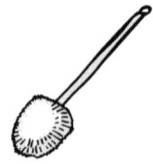

el cepillo para el inodoro

d Toilettebürschteli

el cepillo de dientes

d Zahbürstä

el dentífrico

d Zahpasta

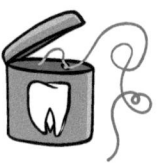

el hilo dental

d Zahnsiide

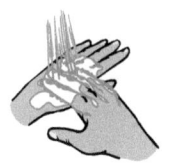

lavar

wäsche

la ducha de mano

d Handduschi

la ducha higiénica

d Intiimduschi

la palangana

s Wöschbecki

el cepillo para la espalda

d Ruggäbürste

el jabón

d Seifä

el gel de ducha

s Duschgel

el shampoo

s Shampoo

la toallita

dr Waschlappä

el desagüe

dr Abfluss

la crema

d Creme

el desodorante

s Deo

el espejo

dr Spiegel

el espejito

dr Handspiegel

la maquinita de afeitar

dr Rasierer

la espuma de afeitar

dr Rasierschuum

el aftershave

s Aftershave

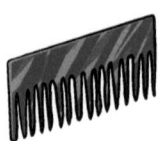

el peine

dr Schträäl

el cepillo

d Bürstä

el secador de pelo

dr Föhn

el spray

s Hoorspray

el maquillaje

s Makeup

el lápiz de labios

dr Lippestift

el esmalte para uñas

dr Nagellack

el algodón

d Wattä

la tijera para uñas

d Nagelscher

el perfume

s Parfum

el portacosméticos

s Necessaire

la banqueta

dr Schemel

la balanza

d Waag

la bata

dr Badmantel

los guantes de goma

dr Gummihändscheh

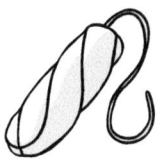

el tampón

s Tampon

la toallita femenina

d Damebinde

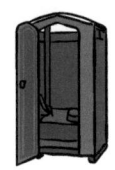

el baño químico

d chemischi Toilette

el cuarto de los chicos

s Chinderzimmer

el despertador
dr Wecker
el peluche
s Kuscheltier
el coche de juguete
s Spielzügauto
el sonajero
d Rassle
la casa de muñecas
s Puppehuus
el regalo
s Gschänk

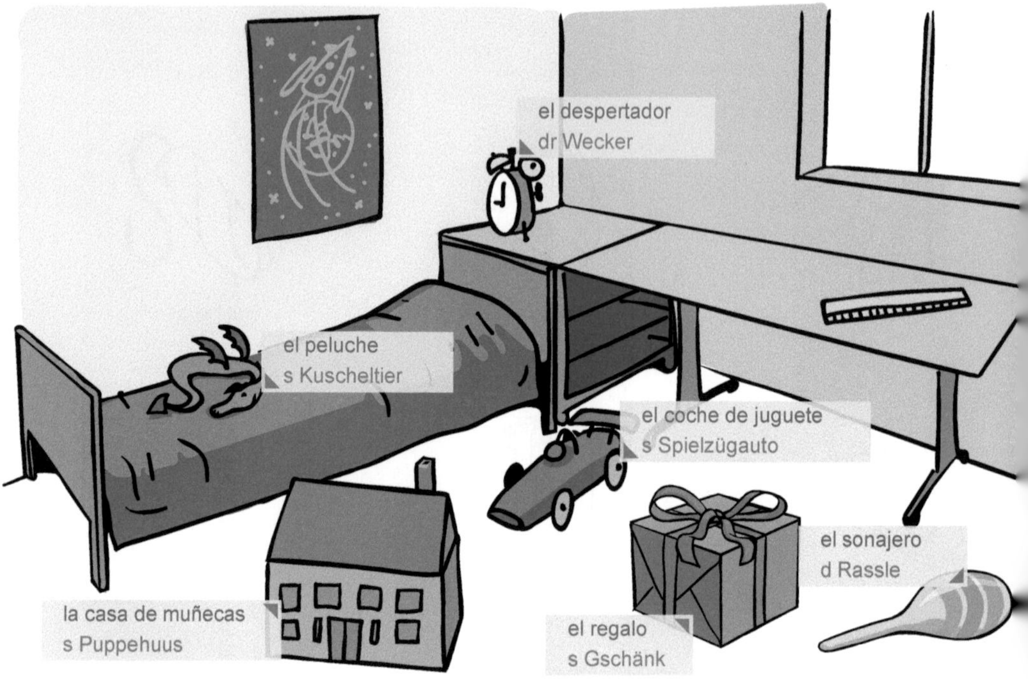

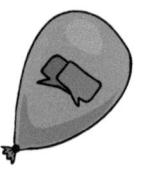

el globo

dr Ballon

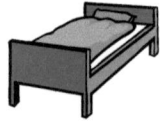

la cama

s Bett

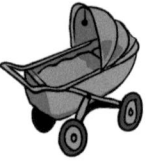

el cochecito

dr Chinderwage

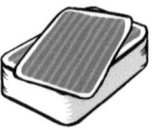

las cartas

s Chartespiel

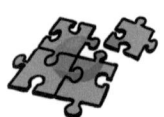

el rompecabezas

s Puzzle

SUPER
MEGA

la historieta

dr Comic

las piezas de lego

d Legos

los ladrillos de juguete

d Baustei

la figura de acción

d Action Figur

el enterito (de bebé)

s Strampli

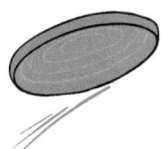

el frisbee

s Frisbee

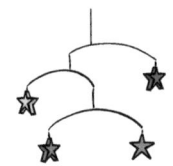

el móvil para bebés

s Mobile

el juego de mesa

s Brättspiel

los dados

dr Würfäl

el tren eléctrico

d Modellisebahn

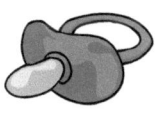

el chupete

dr Nuggi

la fiesta

d Party

el libro de cuentos ilustrado

s Bilderbuch

la pelota

dr Ball

la muñeca

d Puppä

jugar

spiele

el arenero

dr Sandchaschte

la hamaca

d Gigampfi

los juguetes

s Spielzüg

la consola de videojuegos

d Videospielkonsole

el triciclo

s Dreirad

el osito de peluche

dr Teddy

el armario

dr Chleiderschrank

la ropa
d Chleidig

las medias

d Sockä

las medias panty

d Strümpf

las calzas

d Strumpfhosä

la bufanda
dr Schal

el cinturón
dr Gürtel

el paraguas
dr Rägeschirm

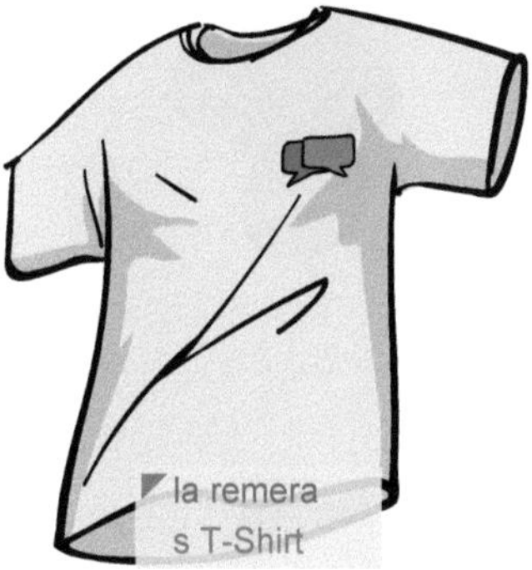

la remera
s T-Shirt

las botas
dr Stiefel

las pantuflas
d Badschlappe

las zapatillas
d Turnschueh

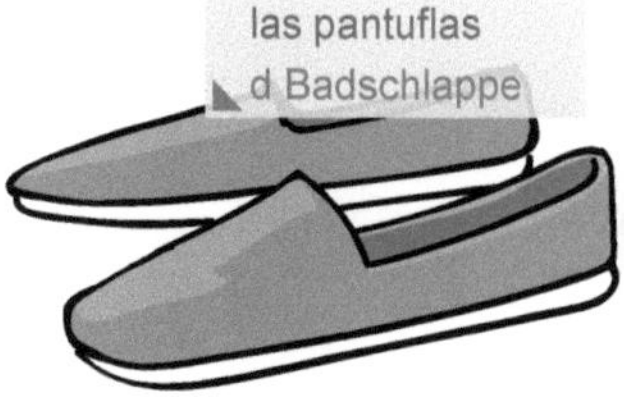

las sandalias

d Sandalä

los zapatos

d Schueh

las botas de goma

d Gummistiefel

la ropa interior

d Untrhosä

el corpiño

dr BH

el chaleco

s Underlibli

el body
dr Body

los pantalones
d Hosä

los jeans
d Jeans

la pollera
dr Rock

la blusa
d Bluse

la camisa
s Hömli

el pulóver
dr Pulli

el buzo
dr Kapuzepulli

el blazer
dr Blazer

la campera
d Jacke

el tapado
dr Mantel

el piloto
dr Rägämantel

el traje
s Chostüm

el vestido
s Chleid

el vestido de novia
s Hochziitskleid

el traje

dr Ahzug

el camisón

s Nachthömli

el pijama

s Pyjama

el sari

dr Sari

el pañuelo para la cabeza

s Chopftuäch

el turbante

dr Turban

la burka

d Burka

el caftán

dr Kaftan

la abaya

d Abaya

el traje de baño

s Badchleid

el short de baño

d Badhose

los shorts

d churzi I Iosä

el jogging

dr Trainer

el delantal

d Schürze

los guantes

d Händsche

el botón

dr Chnopf

los anteojos

d Brüllä

la pulsera

s Armband

el collar

d Chetti

el anillo

dr Ring

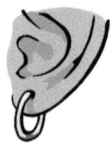

el aro

dr Ohrering

la gorra

d Chappe

la percha

dr Chleiderbügel

el sombrero

dr Huet

la corbata

d Grawattä

el cierre

dr Riissverschluss

el casco

dr Helm

los tiradores

dr Hosäträger

el uniforme escolar

d Schueluniform

el uniforme

d Uniform

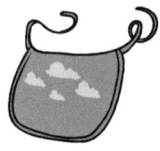

el babero
s Lätzli

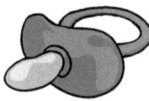

el chupete
dr Nuggi

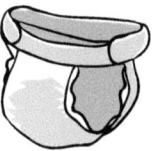

el pañal
d Windle

la oficina
s Büro

el servidor
dr Server
el archivero
dr Akteschrank
la impresora
dr Drucker
el papel
s Papier
el monitor
dr Monitor
el escritorio
dr Schribtisch
el mouse
d Muus
la carpeta
dr Ordner
el teclado
d Taschtatur
el tacho (de basura)
dr Papierchorb
la silla
dr Stuehl
la computadora
dr Computer

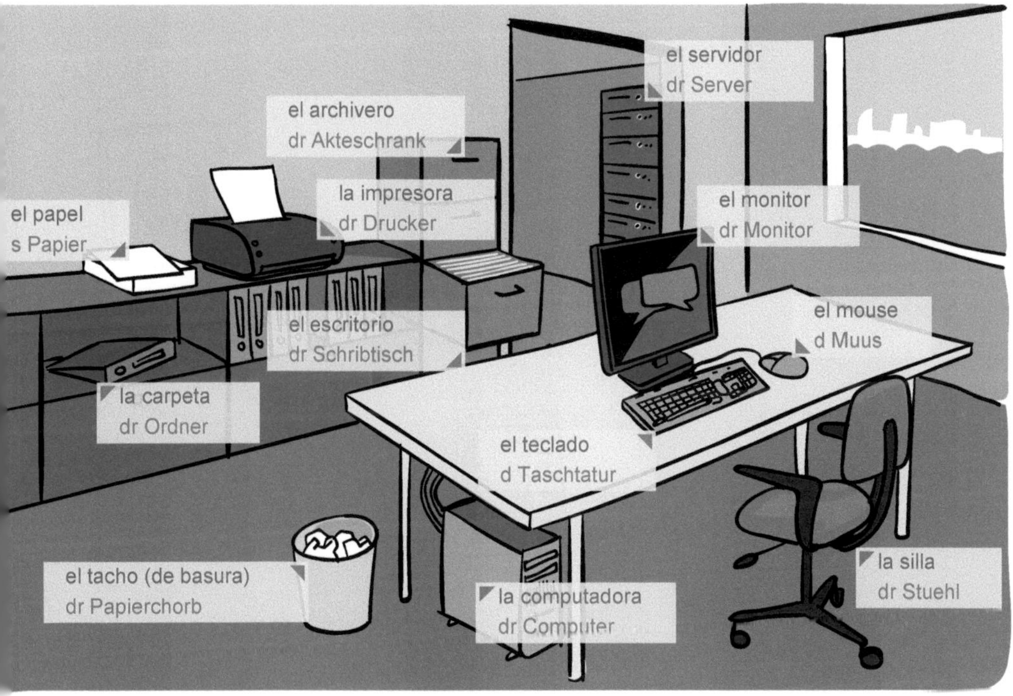

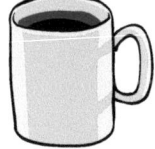

la taza de café
dr Kafibächer

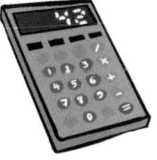

la calculadora
dr Tascherächner

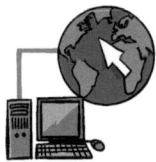

el internet
s Internet

la laptop

dr Laptop

la carta

dr Brief

el mensaje

d Nochricht

el celular

s Mobiltelefon

la red

s Netzwärk

la fotocopiadora

dr Kopierer

el software

d Software

el teléfono

s Telefon

el tomacorriente

d Steckdosä

el fax

s Fax

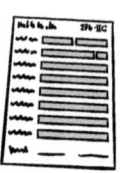

el formulario

s Formular

el documento

s Dokumänt

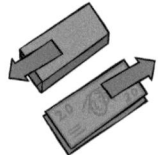

comprar

chaufe

pagar

zahle

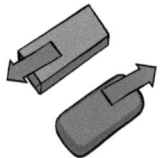

hacer negocios

handle

el dinero

s Gäld

el dólar

dr Dollar

el euro

dr Euro

el yen

dr Yen

el rublo

dr Rubel

el franco suizo

dr Frankä

el yuan

dr Renminbi Yuan

la rupia

d Rupie

el cajero automático

dr Gäldautomat

la casa de cambio

d Wächselstube

el oro

s Gold

la plata

s Silber

el petróleo

s Öl

la energía

d Energie

el precio

dr Preis

el contrato

dr Vertrag

el impuesto

d Stüür

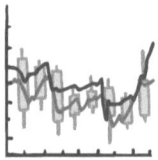

la acción

d Aktie

trabajar

schaffe

el empleado

dr Mitarbeiter

el empleador

dr Arbeitgeber

la fábrica

d Fabrik

el negocio

s Gschäft

las ocupaciones
d Brüef

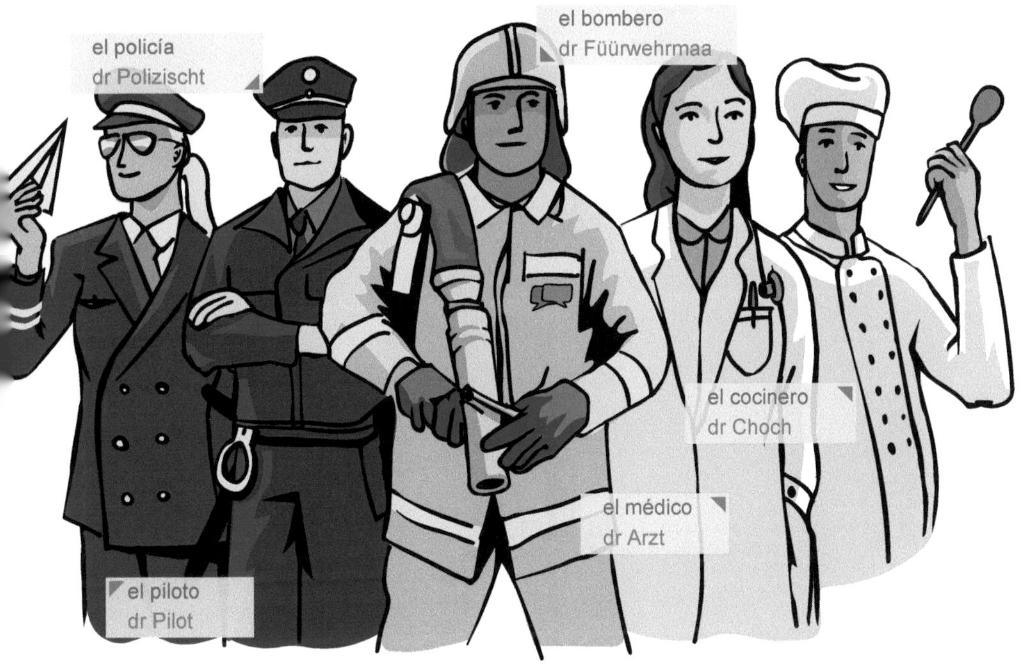
el policía
dr Polizischt
el bombero
dr Füürwehrmaa
el cocinero
dr Choch
el médico
dr Arzt
el piloto
dr Pilot

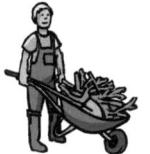

el jardinero

dr Gärtner

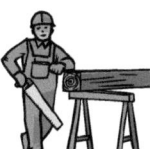

el carpintero

dr Zimmermah

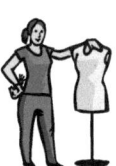

la modista

d Näheri

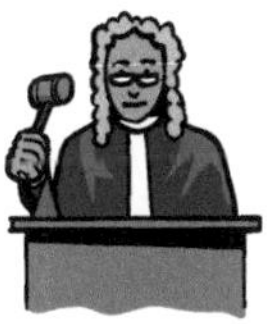

el juez

dr Richter

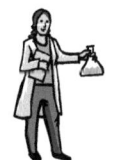

el farmacéutico

dr Chemiker

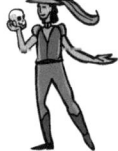

el actor

dr Darsteller

el colectivero

dr Busfahrer

el taxista

dr Taxifahrer

el pescador

dr Fischer

la mucama

d Putzfrau

el techista

dr Dachdecker

el mozo

dr Chällner

el cazador

dr Jäger

el pintor

dr Moler

el panadero

dr Bäcker

el electricista

dr Elektriker

el albañil

dr Bauarbeiter

el ingeniero

dr Ingenieur

el carnicero

dr Schlachter

el plomero

dr Klämpner

el cartero

dr Pöschtler

el soldado

dr Soldat

el arquitecto

dr Architekt

el cajero

dr Kassierer

el florista

dr Florischt

el peluquero

dr Frisör

el cobrador

dr Kontrolleur

el mecánico

dr Mechaniker

el capitán

dr Kapitän

el dentista

dr Zahnarzt

el científico

dr Wüsseschaftler

el rabino

dr Rabbi

el imán

dr Imam

el monje

dr Mönch

el sacerdote

dr Pfarrer

las herramientas
d Werkzüüg

el martillo
dr Hammer
la tenaza
d Zangä
el destornillador
dr Schruubedreier
la llave
dr Schrubeschlüssel
la linterna
d Taschelamp

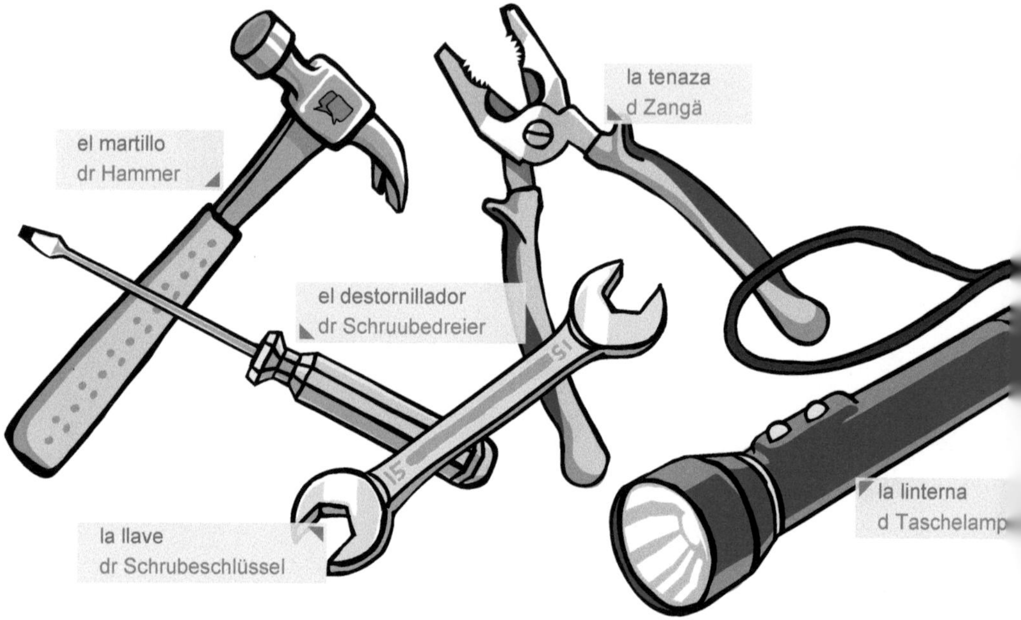

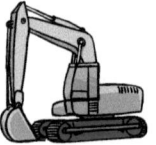

la excavadora

dr Bagger

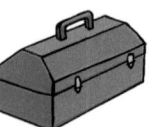

la caja de herramientas

dr Werkzüügchaschte

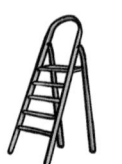

la escalera portátil

d Leitere

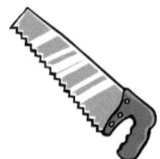

la sierra

d Sagi

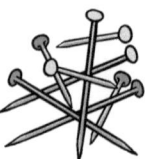

los clavos

d Negel

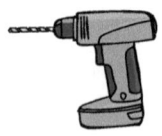

el taladro

dr Bohrer

arreglar

flicke

la pala de jardín

d Schufle

¡Qué bronca!

Mischt!

la pala de plástico

d Ascheschufle

el tacho de pintura

dr Farbchübel

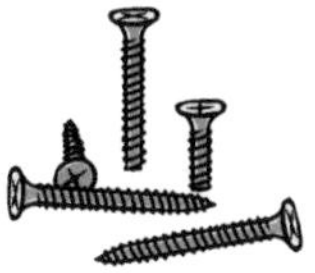

los tornillos

d Schruube

los instrumentos musicales
d Musiginstrumänt

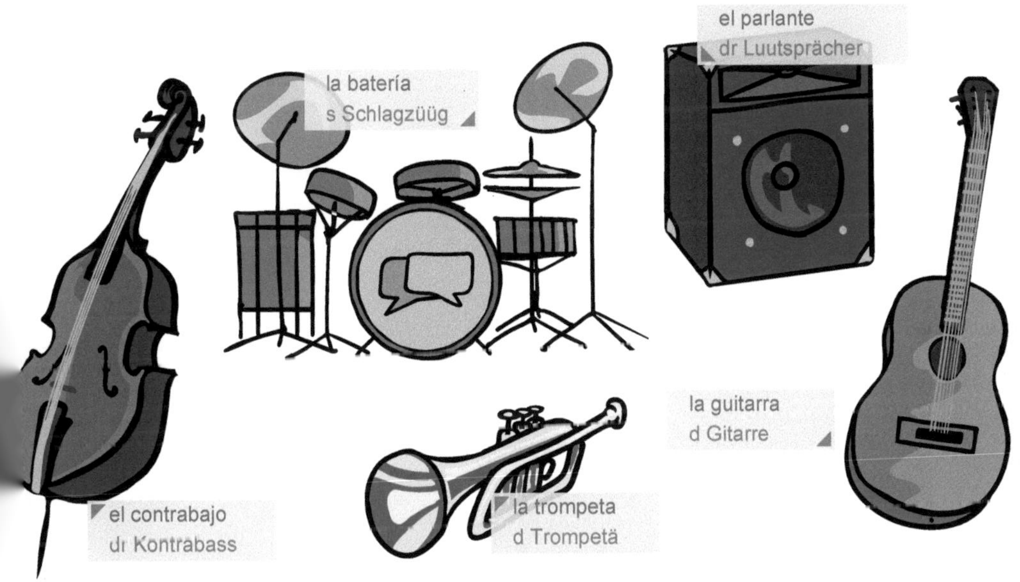

el parlante
dr Luutsprächer

la batería
s Schlagzüüg

la guitarra
d Gitarre

el contrabajo
dr Kontrabass

la trompeta
d Trompetä

el piano
s Klavier

el violín
d Violine

el bajo
dr Bass

los timbales
d Pauke

el tambor
d Trummle

el teclado
s Keyboard

el saxofón
s Saxophon

la flauta
d Flöte

el micrófono
s Mikrofon

el zoológico
dr Zolli

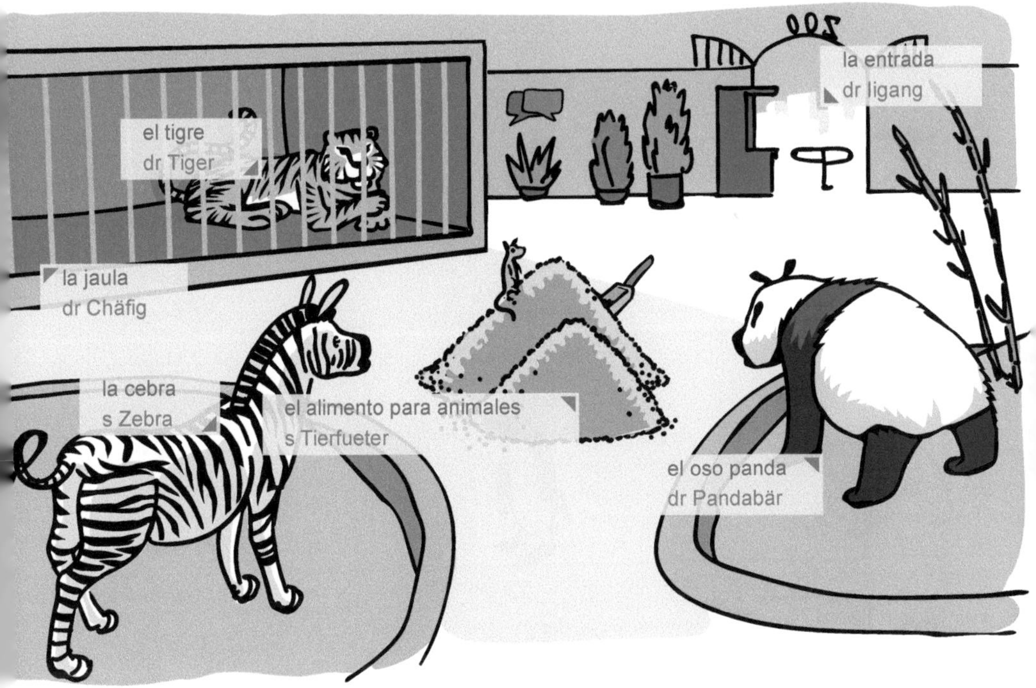
la entrada
dr Iigang
el tigre
dr Tiger
la jaula
dr Chäfig
la cebra
s Zebra
el alimento para animales
s Tierfueter
el oso panda
dr Pandabär

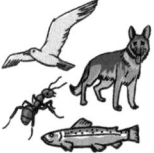

los animales
d Tier

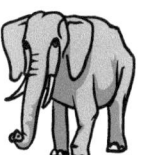

el elefante
dr Elefant

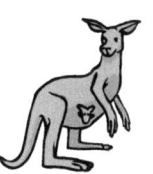

el canguro
s Känguru

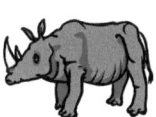

el rinoceronte
s Nashorn

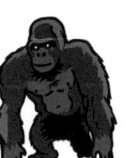

el gorila
dr Gorilla

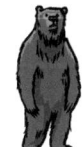

el oso
dr Bär

el camello

s Kamel

el avestruz

dr Struss

el león

dr Leu

el mono

dr Aff

el flamenco

dr Flamingo

el loro

dr Papagei

el oso polar

dr Iisbär

el pingüino

dr Pinguin

el tiburón

dr Hai

el pavo real

dr Pfau

la serpiente

d Schlangä

el cocodrilo

s Krokodil

el cuidador del zoológico

dr Zoowärter

la foca

d Robbä

el jaguar

dr Jaguar

el poni
s Pony

el leopardo
dr Leopard

el hipopótamo
s Nilpfärd

la jirafa
d Giraff

el águila
dr Adler

el jabalí
s Wildschwein

el pescado
dr Fisch

la tortuga
d Schildkrot

la morsa
s Walross

el zorro
dr Fuchs

la gacela
d Gazelle

los deportes
dr Sport

el fútbol americano
s American Football

el ciclismo
s Velofahre

el tenis
s Tennis

el básquet
dr Basketball

la natación
s Schwümmä

el boxeo
s Boxä

el hockey sobre hielo
s Iishockey

el fútbol

dr Fuessball

el bádminton

s Badminton

el atletismo

d Liechtathletik

el handball

dr Handball

el esquí

s Skifahre

el polo

s Polo

las actividades
d Aktivitäte

saltar
springä
reír
lachä
abrazar
umarme
caminar
gah
cantar
singe
soñar
troime
rezar
bätte
besar
küssä

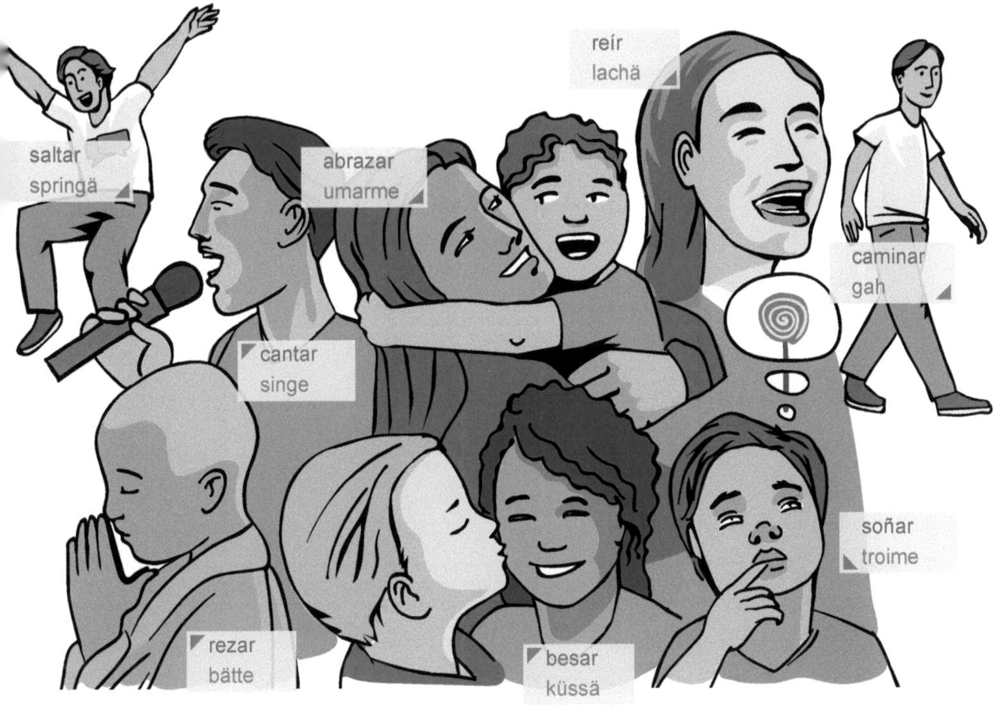

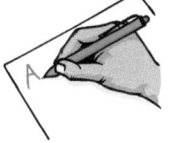

escribir

schribe

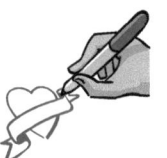

dibujar

zeichne

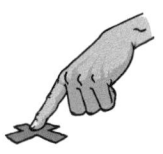

mostrar

zeige

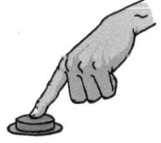

presionar

schiebe

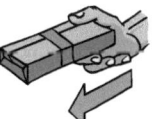

dar

gäh

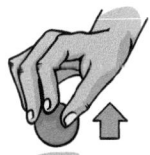

tomar

näh

tener

händ

hacer

mache

ser

sy

estar parado

stah

correr

laufe

tirar

zieh

tirar

rüerä

caer

fallä

estar acostado

ligge

esperar

warte

llevar

träge

estar sentado

sitze

vestirse

ahzieh

dormir

schlafe

despertar

ufwache

mirar
ahluege

llorar
brüele

acariciar
striichle

peinar
bürste

hablar
redä

entender
verschtah

preguntar
froog

escuchar
lose

beber
trinke

comer
ässe

ordenar
ufruume

amar
llebe

cocinar
chochä

manejar
fahre

volar
flüge

navegar

segle

calcular

rächne

leer

läse

aprender

leerä

trabajar

schaffe

casarse

hürate

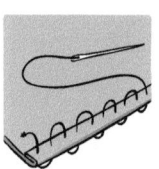

coser

näije

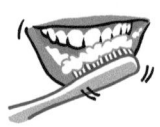

cepillarse los dientes

Zäh putze

matar

töte

fumar

schlootä

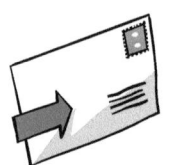

enviar

sände

la familia
d Familiä

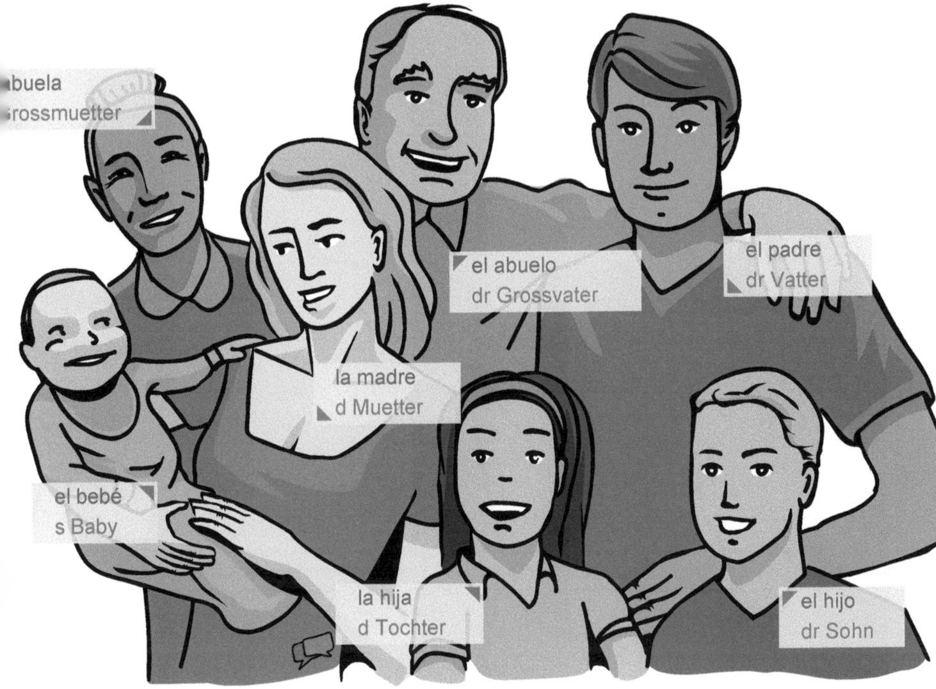
buela
rossmuetter
el abuelo
dr Grossvater
el padre
dr Vatter
la madre
d Muetter
el bebé
s Baby
la hija
d Tochter
el hijo
dr Sohn

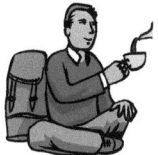

el invitado

dr Gast

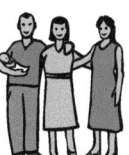

la tía

d Tante

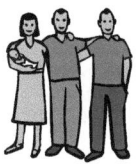

el tío

dr Unkel

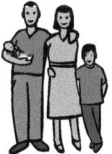

el hermano

dr Brüeder

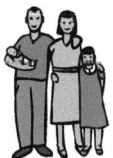

la hermana

d Schwöschter

el cuerpo
dr Körpär

la frente
d Stirn
el ojo
ds Aug
el hombro
d Schultere
el dedo
dr Fingär
la cara
s Gsicht
la pera
s Chüni
la mano
d Hand
la pierna
s Bei
el pecho
d Bruscht
el brazo
dr Arm

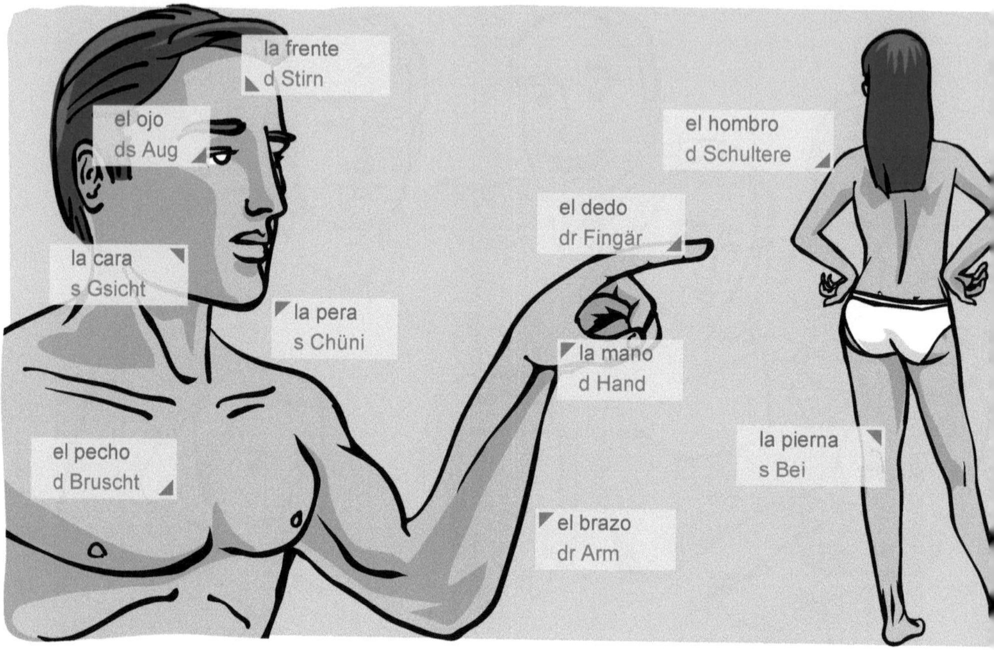

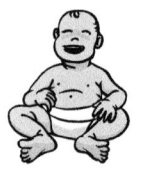

el bebé
s Baby

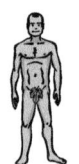

el hombre
dr Mah

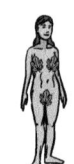

la mujer
d Frau

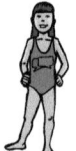

la nena
s Meitli

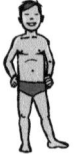

el nene
dr Bueb

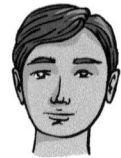

la cabeza
dr Chopf

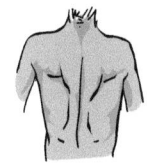

la espalda

dr Ruggä

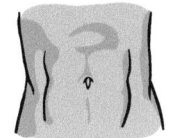

la panza

dr Buuch

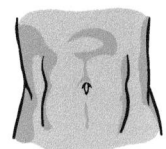

el ombligo

dr Buchnabel

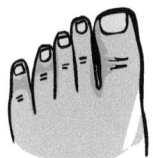

el dedo del pie

dr Zäche

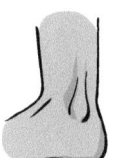

el talón

d Fersä

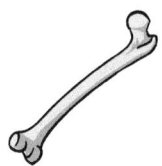

el hueso

d Knoche

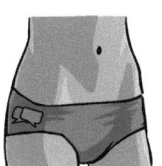

la cadera

d Hüfte

la rodilla

s Chnü

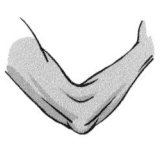

el codo

dr Ellbogä

la nariz

d Nase

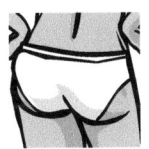

la cola

s Füdli

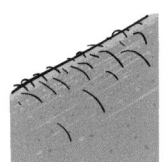

la piel

d Hut

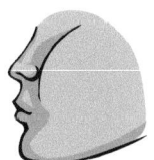

el cachete

d Bagge

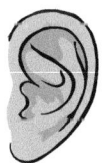

la oreja

s Ohr

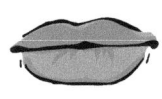

el labio

d Lippe

la boca

s Muul

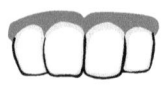

el diente

dr Zah

la lengua

d Zungä

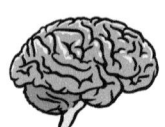

el cerebro

s Hirni

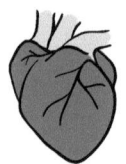

el corazón

s Härz

el músculo

dr Muskel

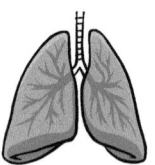

el pulmón

d Lungä

el hígado

d Läberä

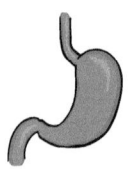

el estómago

dr Magen

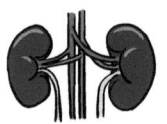

los riñones

d Nierä

el sexo

dr Gschlächtsvrkehr

el preservativo

s Kondom

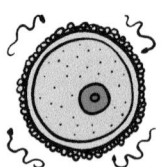

el óvulo

d Eizälle

el semen

dr Soome

el embarazo

d Schwangerschaft

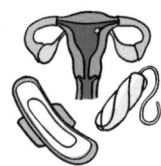

la menstruación

d Menstruation

la vagina

d Vagina

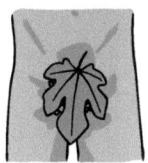

el pene

dr Penis

la ceja

d Augebrauä

el pelo

s Haar

el cuello

dr Hals

el hospital
s Spital

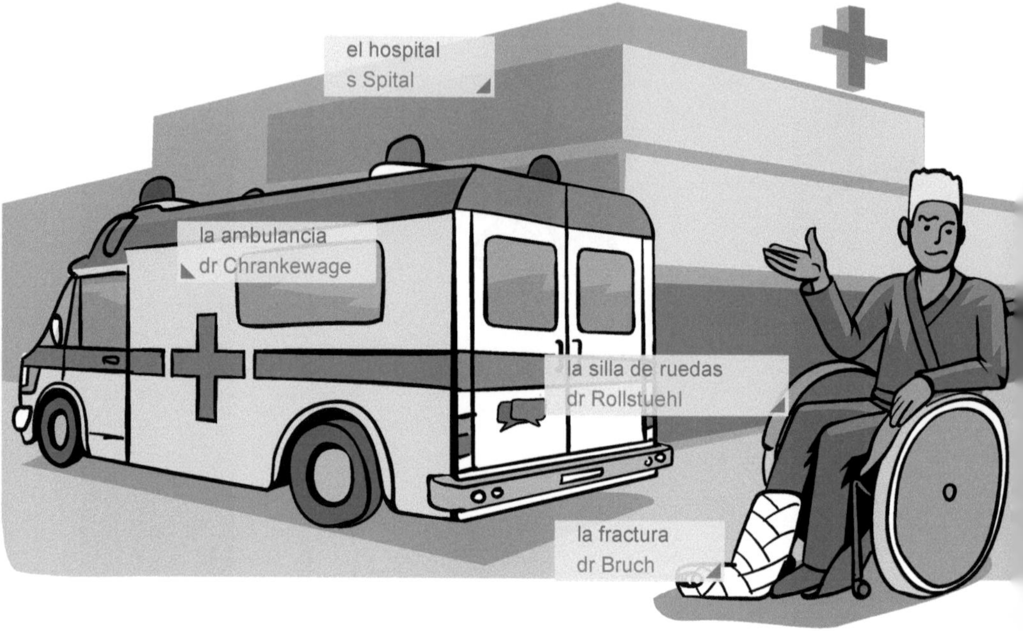

la ambulancia
dr Chrankewage

la silla de ruedas
dr Rollstuehl

la fractura
dr Bruch

el médico

dr Arzt

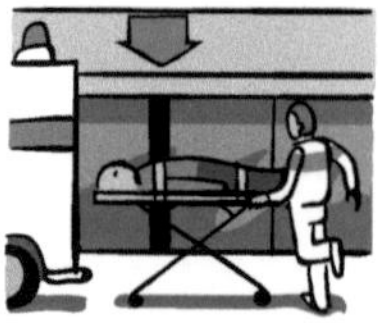

la sala de guardia

d Notufnahm

la enfermera

d Chrankeschwöschter

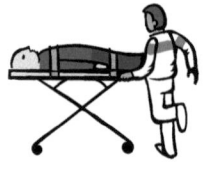

la emergencia

dr Notfall

inconsciente

ohnmächtig

el dolor

dr Schmärz

el hospital - s Spital

la lesión

d Verletzig

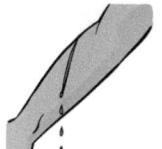

la hemorragia

d Bluätig

el infarto

dr Härzinfarkt

el ACV

dr Schlagahfall

la alergia

d Allergie

la tos

dr Hueschtä

la fiebre

s Fieber

la gripe

d Grippe

la diarrea

dr Durchfall

el dolor de cabeza

d Kopfschmärze

el cáncer

dr Kräbs

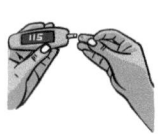

la diabetes

dr Diabetes

el cirujano

dr Chirurg

el bisturí

s Skalpell

la operación

d Operation

el hospital - s Spital

la TC

s CT

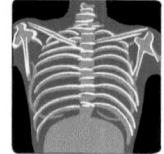

los rayos x

s Röntgä

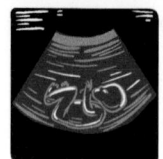

la ecografía

s Ultraschall

el barbijo

d Gsichtsmaske

la enfermedad

d Krankhet

la sala de espera

s Wartezimmer

la muleta

d Krückä

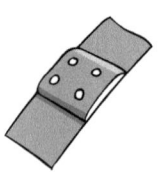

la curita

s Pflaster

la venda

dr Vrband

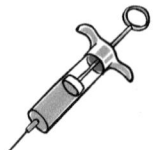

la inyección

d Injektion

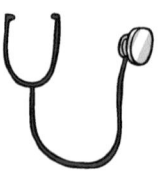

el estetoscopio

s Stethoskop

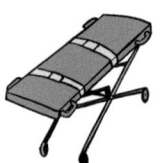

la camilla

d Trage

el termómetro

s Thermometer

el nacimiento

d Geburt

el sobrepeso

s Übergwicht

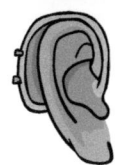

el audífono

s Hörgrät

el desinfectante

s Desinfektionsmittel

la infección

d Infektion

el virus

s Virus

el VIH / SIDA

s HIV / AIDS

el remedio

d Medizin

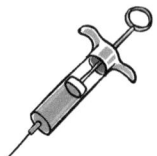

la vacunación

d Impfig

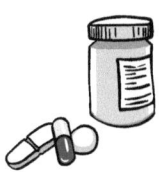

los comprimidos

d Tablette

la pastilla anticonceptiva

d Pille

llamada de emergencia

dr Notruef

el tensiómetro

s Bluctdruck Mässgrät

enfermo / sano

chrank / gsund

¡Ayuda!

Hiufe!

la alarma

dr Alarm

la agresión

dr Überfall

el ataque

dr Ahgriff

el peligro

d Gfohr

la salida de emergencia

dr Notuusgang

¡Fuego!

Füür!

el matafuego

dr Füürlöscher

el accidente

dr Unfall

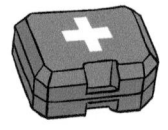

el botiquín de primeros
auxilios

dr Ersti-Hilf-Koffer

el SOS

SOS

la policía

d Polizei

Europa

s Europa

América del Norte

s Nordamerika

América del Sur

s Südamerika

África

s Afrika

Asia

s Asie

Australia

s Auschtralie

el Atlántico

dr Atlantik

el Pacífico

dr Pazifik

el Océano Índico

dr Indische Ozean

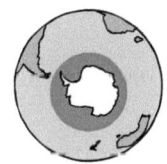

el Océano Antártico

dr Antarktische Ozean

el Océano Ártico

dr Arktische Ozean

el polo norte

dr Nordpol

el polo sur

dr Südpol

la Antártida

d Antarktis

la Tierra

d Ärde

la tierra

s Land

el mar

s Meer

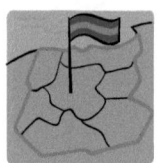

la isla

d Inslä

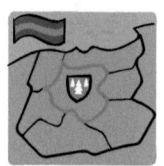

la nación

d Nation

el estado

dr Staat

la esfera

s Ziffereblatt

la manecilla de las horas

dr Stundezeiger

el minutero

dr Minutezeiger

el segundero

dr Sekundezeiger

¿Qué hora es?

Wie spaht isch es?

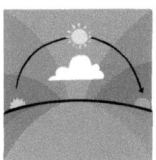

el día

dr Tag

la hora

d Zit

ahora

jetzt

el reloj digital

d Digitaluhr

el minuto

d Minute

la hora

d Stunde

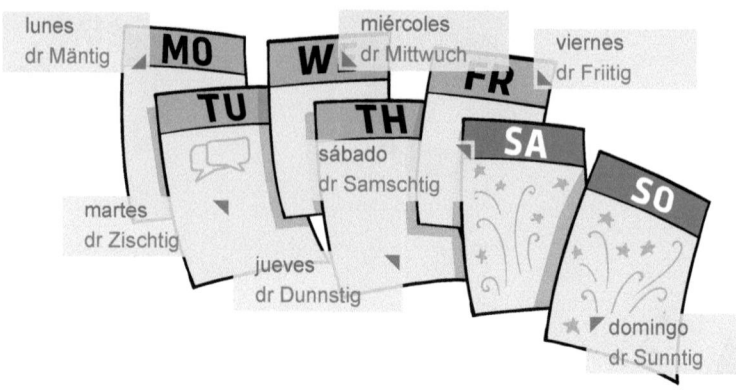

lunes
dr Mäntig

miércoles
dr Mittwüch

viernes
dr Friitig

sábado
dr Samschtig

martes
dr Zischtig

jueves
dr Dunnstig

domingo
dr Sunntig

ayer

geschter

hoy

hüt

mañana

morn

la mañana

dr Morgä

el mediodía

dr Mittag

la tarde

dr Aabig

MO	TU	WE	TH	FR	SA	SU
1	2	3	4	5	6	7
8	9	10	11	12	13	14
15	16	17	18	19	20	21
22	23	24	25	26	27	28
29	30	31	1	2	3	4

los días hábiles

d Wärktag

MO	TU	WE	TH	FR	SA	SU
1	2	3	4	5	6	7
8	9	10	11	12	13	14
15	16	17	18	19	20	21
22	23	24	25	26	27	28
29	30	31	1	2	3	4

el fin de semana

s Wuchenänd

el año
s Johr

la lluvia
dr Räge
el arco iris
dr Rägeboge
la nieve
dr Schnee
el viento
dr Wind
la primavera
dr Früelig
el otoño
dr Herbscht
el verano
dr Summer
el invierno
dr Winter

4.APRIL 11°
5.APRIL 4°
6.APRIL 13°
7.APRIL 8°
8.APRIL 10°

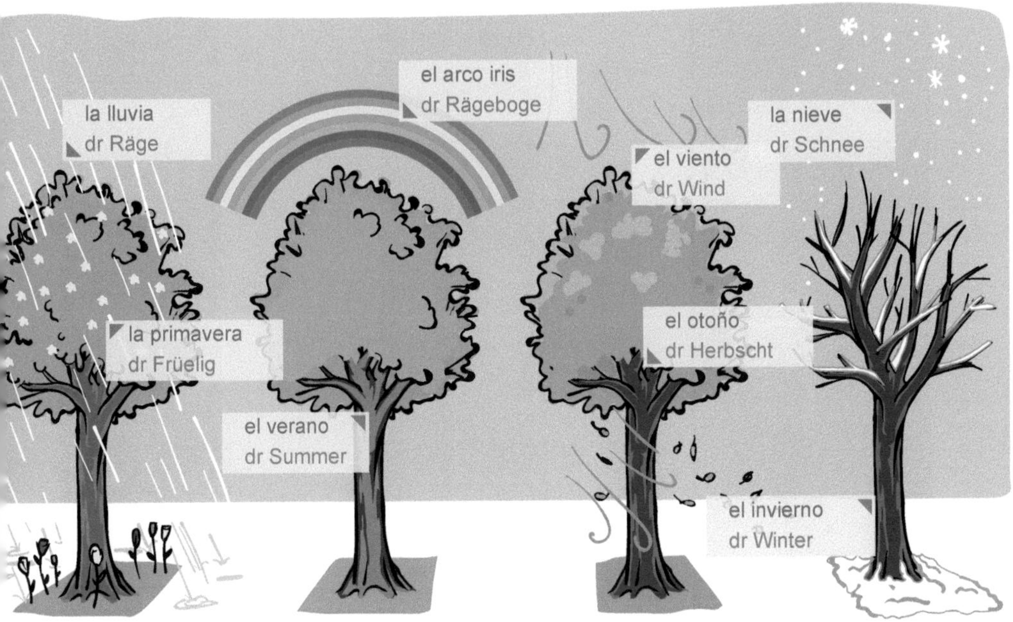

pronóstico meteorológico

d Wättervorhärsag

F
C

el termómetro

s Thermometer

la luz del sol

dr Sunneschiin

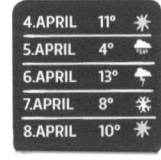

la nube

d Wolkä

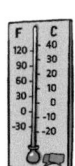

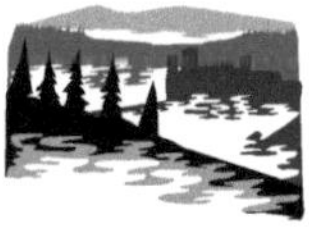

la niebla

d Näbel

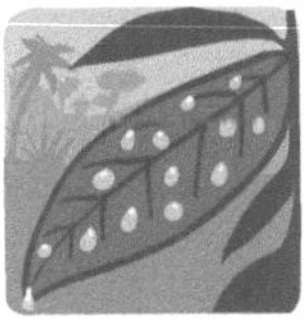

la humedad

d Fiechtigkeit

el rayo

dr Blitz

el trueno

dr Dunner

la tormenta

dr Sturm

el granizo

d Hagel

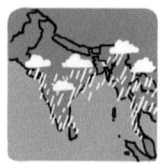

el monzón

dr Monsun

la inundación

d Fluet

el hielo

s lis

enero

dr Januar

febrero

dr Februar

marzo

dr März

abril

dr April

mayo

dr Mai

junio

dr Juni

julio

dr Juli

agosto

dr Auguscht

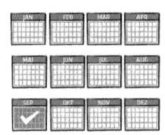

septiembre

dr Septämber

octubre

dr Oktober

noviembre

dr Novämber

diciembre

dr Dezämber

las formas
d Forme

el círculo

dr Kreis

el cuadrado

s Quadrat

el rectángulo

s Rächteck

el triángulo

ɜ Droiock

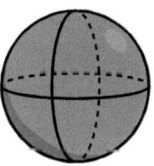

la esfera

d Chugele

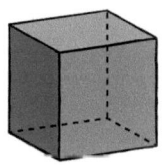

el cubo

dr Würfel

blanco

wiss

amarillo

gäl

naranja

orange

rosa

pink

rojo

rot

violeta

liila

azul

blau

verde

grüen

marrón

bruun

gris

grau

negro

schwarz

mucho / poco
viel / wenig

enojado / tranquilo
hässig / ruhig

lindo / feo
hübsch / hässlich

el principio / el fin
dr Ahfang / s Ändi

grande / chico
gross / chli

claro / oscuro
hell / dunkel

l hermano / la hermana
Brüeder / d Schwöschter

limpio / sucio
suuber / dräckig

completo / incompleto
vollständig / unvollständig

el día / la noche
dr Tag / d Nacht

muerto / vivo
tot / läbig

ancho / angosto
breit / schmal

comestible / no comestible

....

ässbar / nid ässbar

malo / amable

....

bös / fründlich

entusiasmado / aburrido

....

uffreggt / glangwilt

gordo / flaco

....

dick / dünn

primero / último

....

zerscht / zletscht

el amigo / el enemigo

....

dr Fründ / dr Find

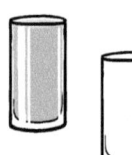

lleno / vacío

....

voll / läär

duro / blando

....

hart / weich

pesado / liviano

....

schwer / liecht

el hambre / la sed

....

dr Hunger / dr Durscht

enfermo / sano

....

chrank / gsund

ilegal / legal

....

illegal / legal

inteligente / estúpido

....

intelligänt / gatz

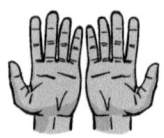

izquierda / derecha

....

links / rächts

cerca / lejos

....

nöch / wiit weg

nuevo / usado

neu / bruucht

nada / algo

nüt / öpis

viejo / joven

alt / jung

encendido / apagado

ah / uss

abierto / cerrado

offe / zue

silencioso / ruidoso

lislig / luut

rico / pobre

riich / arm

correcto / incorrecto

richtig / falsch

áspero / suave

rau / glatt

triste / contento

truurig / glücklich

corto / largo

churz / lang

lento / rápido

langsam / schnäll

mojado / seco

nass / trochä

caliente / frío

warm / chalt

guerra / paz

dr Chrieg / dr Friede

0	**1**	**2**
cero	uno	dos
Null	eis	zwei

3	**4**	**5**
tres	cuatro	cinco
drü	vier	foif

6	**7**	**8**
seis	siete	ocho
sächs	sibe	acht

9	**10**	**11**
nueve	diez	once
nün	zäh	elf

12	**13**	**14**
doce	trece	catorce
zwölf	drizäh	vierzäh

15	**16**	**17**
quince	dieciséis	diecisiete
füfzäh	sächzäh	siebzäh

18	**19**	**20**
dieciocho	diecinueve	veinte
achtzäh	nünzäh	zwänzg

100	**1.000**	**1.000.000**
cien	mil	el millón
Hundert	Tuusig	MIlllon

el inglés

Änglisch

el inglés americano

Amerikanischs Änglisch

el chino mandarín

Chinesisch Mandarin

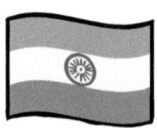

el hindi

Hindi

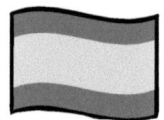

el español

Spanisch

el francés

Französisch

el árabe

Arabisch

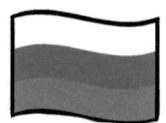

el ruso

Russisch

el portugués

Portugiesisch

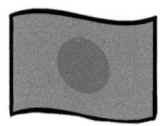

el bengalí

Bengalisch

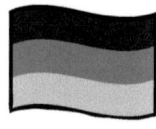

el alemán

Dütsch

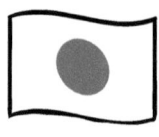

el japonés

Japanisch

yo

ich

vos

du

él / ella

är / sie / es

nosotros

mir

ustedes

ihr

ellos

sie

¿quién?

wär?

¿qué?

was?

¿cómo?

wie?

¿dónde?

wo?

¿cuándo?

wänn?

el nombre

Name

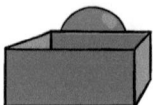

detrás
....
hinder

en
....
in

adelante de
....
vor

por encima de
....
über

sobre
....
uf

debajo de
....
under

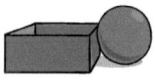

al lado de
....
näbe

entre
....
zwüsche

el lugar
....
dr Ort